臺灣

法律歷史上的今天

法曆

七月 ························· 十二月

PLAIN LAW MOVEMENT

法律白話文運動

著

九月　民主時代的反思

十月　人不是應該生而自由嗎？

十一月　我們與威權的距離

民主時代下的反思──
在面對關鍵選擇的當下，
我們又該如何做決定？

法律白話文運動社群總監

劉珞亦

終於走到下冊，製作的過程中十分艱辛。

去年出版到現在法白經歷了很大的變化，我們有了辦公室，規模慢慢成長，事情增加了非常多。忽然之間，法白占滿我們的人生，震毀應有的事情順序，破壞既有藍圖。所以在時間有限的情況下，要被逼迫做出一些選擇，可能是學業的暫停，可能是職業的限縮，也可能是因為過於忙碌而失去些什麼。

開始面臨抉擇。所以你會開始思考 如果回到法曆裡面所提到的故事，如果是你，你會做出什麼選擇？

如果是美麗島大審的法官，你會選擇屈服威權，還是良心反抗？如果你是美麗島的被告，你會為了逃死而謊言自白，還是和當時的被告們一樣，在法庭上正面對決，否定審判的合法性？

如果我參與選舉，被國家作弊，我寫雜誌被查禁，被威脅，會選擇沉默，還是繼續冒險對抗？

書寫後，慢慢理解那些法律的修正，自由民主的前進，原來是有人在驚濤駭浪之中，做出關鍵的決定。

那我們呢？可能做的當下，永遠不知道對不對吧？

再次感謝介柔、珈熒、佳穎、廷奕、玟嶸、丞竣、伯威、鎬佑、孟翰、大鈞，感謝大家過去一年來辛苦搜集資料產出文案，這兩冊是屬於我們的成果。當然還是要特別感謝玟嶸辛苦再三檢查以及修正。最後再次謝謝伯威，每次都可以把文案加蔥出去，且設計精準的圖片，讓文案內容更佳豐盈。也感謝法白大總管書磊，每天都在追企劃的完成度。最後一定要感謝最可愛的編輯鄭莛，一字一字的校對，讓這本書可以粉粉的出版！

最後還是一樣，願大家能認識臺灣的過去，制度如何演進至今，並且好好珍惜。

當一切成為過去，
我們還能留下什麼？

法律白話文運動站長

楊貴智

短短六年過去，法律白話文運動的第五本書也即將
面世，令人興奮也令人感到不可思議。

2014 年，太陽花學運為社會撲上一團迷霧，誰也
不敢預料未來的臺灣會變得如何，而在東吳法學院的研
究室裡，我跟朋友一時興起，隨波逐流在臉書上註冊了
以「服貿科普文」為名的粉絲團，希望藉此為社會貢獻
一點力量，隨後改名為現在廣為人知的「法律白話文運
動」，從論述服貿議題轉為推廣法律知識，誰也沒想到當
初無心的一個小舉動，漸強而演奏為我人生的主旋律。

每個當下都曾是過去的選擇，在《臺灣法曆：法律
歷史上的今天》的寫作過程中，我們嘗試將古今穿梭連
結，不論善惡美醜、不論想要保存還是變革，從歷史上
曾經發生過的事件探索臺灣當代社會，讓我們更加了解
自己所身處的位置，並從法律的角度思考，如果我們想
要一個更好的臺灣，那會是什麼模樣？

我們身而為人，還需要那些努力，才能帶領臺灣
前行。

JULY

七月

歷史的傷痛可能過去，
但不該被遺忘

沒錢，
就不能打官司嗎？

2004

七月

1

法扶基金會成立，
幫助每個
需要法律扶助的人

2004 年 7月 1日，為了落實《法律扶助法》的立法精神，
讓每個人都能受到法律適當的保護，
「法律扶助基金會」正式成立。

● 每個人都有受法律保護的權利

　　根據憲法規定，人民有訴訟的權利，然而訴訟往往要耗費許多金
錢。像是民事訴訟可能需要裁判費、委任律師也要律師費，但並不是
每個人都有能力負擔這些費用。如果人民因為經濟弱勢等因素，無法
透過訴訟的方式保障自己的權益，訴訟權就無法受到充分保障。除此
之外，若訴訟成了有錢人的權利，這也違反了憲法保障的平等權。

　　為了避免這樣的困境發生，於是有了《法律扶助法》。所謂的「法
律扶助」，是由政府針對無法負擔訴訟費用或律師費用，但又需要法

律幫助的人民所給予的一種援助方式。根據《法律扶助法》規定，對於無法受到法律適當保護的弱勢族群，國家有推動法律扶助的責任，像是法律諮詢、撰寫法律書狀或是委任律師進行訴訟。此外，政府也要成立「法律扶助基金會」，推動法律扶助的工作。

最常見的「法律扶助」就是「訴訟」，也就是法扶幫你出錢請律師。如果只是單純遇到法律問題，法扶基金會在全臺灣各縣市都設有分會，每個分會都設有幾個「現場諮詢」駐點，提供法律諮詢服務；針對不方便出門的民眾，法扶也有提供電話諮詢服務。

● 法扶律師幫你打官司

如果有訴訟或其他需求，但沒有錢請律師，只要符合法律扶助法「無資力」的條件（例如中低收入戶等），就可以去法扶基金會申請法律扶助。除了無資力之外，如果因為「其他原因」（例如被告心智功能不全等）無法受到法律適當保護，在被告沒有選任辯護人的情況下，法扶也會選任律師進行法律扶助。

申請法扶律師分成兩階段：

首先，當事人會先和法扶的審查委員面談，初步紀錄案件事實、釐清需要協助的事項，並等待 2～3 個工作天，會由相關人員通知當事人審查結果。如果通過，基金會就會派律師和當事人會面，開始協助處理案件。

● 問問題要找對人

有時，我們會聽到「法律只是有錢人的專利」這句話。法扶基金會的存在，就是為了避免這樣的事情發生，實現「法律之前人人平等」的精神。儘管法扶成立之後，法扶制度仍會遇到扶助的當事人排不排「富」，或是質疑辯護人的能力。但不可否認的是，法扶基金會的出現，是臺灣人權保障上重要的進步。

誤擊漁船的
雄三飛彈

2016
2
七月

國軍誤射雄三飛彈，
擊中漁船

2016 年 7 月 2 日，檢察官以業務過失致死等罪嫌，
諭令誤射雄三飛彈的兩名海軍隊員以 30 萬元交保。

● 天外飛彈

　　2016 年 7 月，海軍「金江號巡邏艦」在高雄左營港準備操演驗收。為了測試飛彈，必須接上「火線安全接頭」讓系統通電，但為了避免擊發飛彈，如同槍枝，每一枚飛彈也必須裝上「測試訓練器」當作「保險」。

　　當時在準備的 2 名海軍隊員，一名暫時離開，另一名則為了熟悉流程，自行操作飛彈系統。沒想到，由於船上的 4 枚飛彈都裝上了「接頭」，卻只有 2 枚裝上「保險」，再加上操作的隊員沒注意到系統正處於「作戰模式」，導致誤射雄三飛彈。

　　飛彈飛行一段時間後，到達澎湖附近海域，並自動鎖定座標範圍

內的一艘漁船，貫穿漁船的駕駛室，造成船長當場死亡，另外 3 名船員摔傷，而飛彈則墜入海裡。

● 誰該負責？

事件發生後，檢察官以「廢弛職務釀成災害罪」及「業務過失致死罪」等罪嫌起訴 2 名海軍隊員及 1 名保管器材的隊員。

刑法「廢弛職務釀成災害罪」成立的條件，必須是有「預防或阻止災害發生」職務的公務員，卻「故意」不做任何預防或阻止的行為，進而導致災害發生。然而，沒有足夠的證據顯示，這 3 名隊員不小心讓飛彈發射，顯然不是「故意」發射飛彈，因此法院認為不成立「廢弛職務釀成災害罪」。

至於「業務過失致死罪」的部分，地方法院分別判處三人一年到兩年不等的有期徒刑，上訴到高等法院時，也大致維持原判決。而最高法院三審時，由於立法院在 2019 年時廢除「業務過失致死罪」，因此最高法院最後以「過失致死罪」判決 3 人一年多的有期徒刑。行政責任的部分，下至誤射飛彈的中士，上至海軍司令都被記過，國防部長馮世寬則親自慰問死者家屬。而總統蔡英文也裁示國軍限期改善，並調查真相，受害家屬最後獲得了超過 3,000 萬的國賠。

● 一枚飛彈造成的國安隱憂

雖然飛彈並沒有飛越臺灣海峽中線，但由於當時正值中國共產黨成立 95 周年前夕，因此被有些人解讀是對中國的挑釁，中國國臺辦也要求我方提出說明。法院也在判決中寫到，誤射飛彈的行為，造成臺灣與中國的緊張情勢，有誘發軍事衝突的可能，危及國家安全，必須要更謹慎地處理這種軍事行為。

內線交易，
是在交什麼？

2014

七月

3

胖達人內線交易案

2014 年 7 月 3 日，
藝人小 S 替自己先生所涉及的內線交易案出庭作證。

● 掛羊頭，賣狗肉？

　　2010 年時，標榜「天然酵母，無添加人工香料」的麵包店「胖達人」，被香港部落客爆料使用了人工香精，引發輿論譁然。經臺北市及新北市衛生局稽查後，發現麵包裡真的有人工香料，有廣告不實的嫌疑。檢察官也開始偵辦，胖達人董事承認一開始就是添加人工香料，所以「無添加人工香料」根本是欺騙社會大眾。

　　爆出這樣的醜聞，加上先前公司經營問題，董事長下台幾乎成為定局。

　　一家公司的董事長下台，當然是件大事，可想而知公司的股價一

定會下跌，手上的股票若不賣掉，股票肯定被套牢。當時身為公司股東的許慶祥，在得知「董事長要下台」的消息後，趕在消息公布前把手上的股票脫手；許慶祥的兒子，也就是藝人小 S 的老公許雅鈞，也被檢察官懷疑早就得知公司內部財務狀況，而偷偷把股票賣掉，父子都涉嫌犯《證券交易法》的「內線交易罪」。

　　但是經法院審理後，由於沒有足夠的證據顯示許雅鈞事前知道這些「重大消息」，因此最後判決無罪確定。反倒是許慶祥被判刑 1 年 10 月，緩刑 4 年，交付保護管束並接受 20 小時法治教育。

● 什麼是內線交易？

　　根據《證券交易法》的規定，內線交易是指一些具有「特別身分」的人，如果知道某些具體會影響股票價格的「重大消息」時，在這個消息「發布前」及「發布後的 18 個小時內」，都不可以買賣股票。為什麼要這樣規定？試想，股票某種程度來說就是一種賭博，如果有人事先知道了會影響股價的消息，而趕快買賣股票，不就是詐賭嗎？資訊不對等的「一般人」，是否也容易被套牢？也因此為了公平起見，法律便做了這樣的限制。

　　至於哪些「特別身分」會受到限制？例如公司的董事、監察人、總經理、持有超過 10% 股份的股東等，因為職業的關係比較容易獲知消息的人，或是上述身分獲悉消息的人。最後記住，內線交易是重罪，若犯了此罪，會處 3 年以上 10 年以下有期徒刑，得併科新臺幣 1 千萬元以上 2 億元以下罰金。如果犯罪所得達到 1 億元以上，刑期和罰金還會更重。

　　所以千萬不要為了賺錢，讓自己有機會犯罪。

那些被強迫
提供性服務的
臺灣女性

1992
七月
5
臺籍慰安婦訪查報告，
首度公布

1992 年 7 月 5 日，
華視新聞報導婦女救援基金會
首度公布「臺籍慰安婦個案訪查分析報告」。

● 難以痊癒的歷史傷痕

　　1931 年日軍占領中國滿州，直到二戰結束前，日本為鼓舞軍隊
士氣，強制或誘騙民間婦女為日軍提供性服務，這些被稱為「慰安婦」
的婦女來自日本當地、臺灣、朝鮮、中國、中南半島及其他殖民地。

　　臺籍慰安婦中，有些人因家境困苦，聽信日軍「招聘護士」等工
作宣傳；也有些是原住民，為避免受壓迫，聽從命令成為慰安婦。許
多婦女每天須接待數十名日本官兵，面臨流產、性病及子宮失能的傷
害，精神上也飽受折磨。日本戰敗後，各國慰安婦陸續展開對日本政

府的訴訟與賠償訴求。

　　1995 年，日本成立「亞洲婦女基金會」，承諾每位慰安婦 500 萬日圓賠償金，但因附有「領取賠償金，就放棄訴訟權利」的條款，大多數慰安婦拒絕領取，各國也對日本迴避國家責任的做法頗為不滿。

● 尋求賠償的路，並不好走

　　1999 年，9 名臺籍慰安婦向日本政府提告求償，要求日本政府須向慰安婦道歉。然而，日本東京地方裁判所、東京高等裁判所及最高裁判所都判臺籍慰安婦敗訴。判決中提及在《國家賠償法》施行之前，依據「國家無答責」的法理，日本政府不須承擔任何責任。即使責任成立，依據日本《民法典》，也因超過 20 年的期間限制，臺籍慰安婦並沒有請求的權利。

　　「國家無答責」是日本明治時期的法律解釋，意思是若一個國家不法的行為造成國民個人損失，除非特別規定，否則政府不需為此承擔賠償責任。由於當時沒有法律規定政府必須為「逼迫或誘騙婦女成為慰安婦」該行為賠償，因此難以找到求償的法律依據。戰後日本憲法新規定雖取代了該法理，但只能用在新規定施行後發生的國家賠償事件。

● 痛苦可能過去，但不應該被遺忘

　　2011 年，第一位公開指控日本政府的大桃阿嬤去世。她當年以為要到南洋當看護，卻被日軍帶到慰安所，每天被迫接待 20 多個日本人。她曾嘗試逃走卻被抓回，右眼被炸彈碎片擊中而失能。因成了慰安婦而得過瘧疾、盲腸炎，子宮也被摘去，一度因自卑不敢結婚。

　　時至今日，儘管臺籍慰安婦相繼離世，「阿嬤家：和平與女性人權館」仍矗立著 —— 訴說那些受了傷，卻依然勇敢堅定的故事。

有怪手，
有怪獸，
來偷拆我家

2013

七月

8

苗栗縣政府
要拆大埔四戶

2013 年 7 月 8 日，苗栗縣議會召集數百名鄉親，
舉辦大埔區段徵收公共設施工程執行情形說明會，
約有 200 位學生到大埔成立巡守隊，幫拆遷戶捍衛到底。

● 苗栗大埔發生什麼事？

　　苗栗縣政府為延伸新竹科學園區用地，刺激當地經濟發展，向內政部提出徵收土地的計畫獲准。憑核准命令，縣政府要求徵收範圍內的所有人搬離，否則會強制拆除。最後，怪手在凌晨進入農民土地、毀壞農田。當時有四戶民宅是否能拆遷仍有爭議，但苗栗縣政府強硬表示須自行拆遷，否則同樣依法強制拆除。縣府更指出其中一戶「張藥房」位於道路交叉口旁，轉彎會有交通問題。

　　2013 年 7 月 18 日，縣府趁四戶拆遷戶及聲援民眾皆北上陳情之際，600 名警力包圍道路，怪手拆毀民房。2 個月後，「張藥房」的主

人張森文自殺。隔年，臺中高等行政法院判決大埔四戶勝訴，徵收過程違反正當程序。既然勝訴，為何仍被拆除？因為當時大埔四戶聲請「停止執行」被駁回。

● 什麼是停止執行？

　　一旦行政機關向人民做出命令，如拆遷房屋，若期限內未遷走，政府可直接拆房子。而一定行為的「行政處分」，人民若未在期限內遵守，行政機關可強制執行。人民若認為行政處分違法，可透過訴願、行政訴訟等方式救濟權利。但提起行政救濟並不會中斷行政處分的效力，也就是這時的命令仍有效。例如上述提到的拆遷房屋，若因行政處分效力沒有中斷，就可能發生人民勝訴，但房子卻被強制拆除的荒謬結果。因此，法律便有「停止執行」的制度。

● 法院如果要裁定「停止執行」，有什麼條件？

　　① 情況很「急迫」。
　　② 如果不停止執行，可能會造成「難以回復的損害」。
　　③ 如果停止執行，不會對公益產生重大影響。
　　拒絕拆遷的大埔四戶，向臺中高等行政法院聲請「停止執行」徵收的處分，最後被裁定駁回。裁定指出，若執行處分，聲請人所受的是「財產」損害。就算發生財產、居住或精神上的損害，不能說無法以「金錢賠償」的方式來回復損害，因此認為不符合「難以回復之損害」。但只能用「金錢賠償」損失當作唯一標準嗎？居住的房子只是如一般財產一樣嗎？「居住」，是否有更深遠的人權意義？也因此該裁定引起許多人的批評。
　　「張藥房」在 2018 年 7 月 18 日原地重建，但要到何時才不會再有下一個「大埔事件」？

敵人還沒打過來，
先被國軍弄死

2013

9

七月

當洪仲丘
在禁閉室倒下

2013 年 7 月 9 日，7 名陸軍士官，
到下士洪仲丘的靈堂前下跪道歉。

● 當兵卻遭逢不幸

　　2013 年，洪仲丘收假回營時，違反資安規定攜帶「有照相功能的手機」及「MP3」而被查獲。連長雖然知道依規定只能「申誡」，卻指示士官召開會議，決議對洪仲丘施以類似禁閉的「悔過」處分。洪仲丘在被送禁閉前，曾傳簡訊給上校求援，說明自己的身心狀況不佳，也質疑處分的合法性。這封簡訊卻誤傳給沈姓旅長，而旅長看完簡訊以後，仍然在欠缺合法程序的情況下批准懲處。

　　7 月 3 日當天，室外溫度過高，達到需要調整操課內容和場地的程度，洪仲丘的體重過重，又屬操課的「高危險群人員」，但戒護士

並沒有變換高強度的操課和場地。最後，洪仲丘倒地抽搐，送醫急救後，仍不治身亡。

7 月 31 日，國防部高等軍事法院軍事檢察署偵查後，起訴包括洪仲丘所屬的 542 旅少將旅長沈威志在內的 18 名軍官，起訴罪名包括「對部屬施以法定種類以外之處罰罪」、「藉職務妨害自由罪」、「上官藉勢凌虐軍人致死」等罪。然而，軍方的報告也指出，事件的起因是由於洪仲丘「拒絕背值星」，且竄改體測成績，引發士官不滿才對洪仲丘報復，這份報告也招致外界「將責任推卸給死者」的批評。

● **軍法如何變革？**

事件後，「公民 1985 行動聯盟」發動遊行，要求政府改善軍中人權，並還給洪家公道與真相。超過 10 萬人聚集在凱道周圍，被稱為「白衫軍運動」。

另外，爭議已久的軍事審判制度再次成為事件焦點。軍事檢察署在偵辦時，面對輿論質疑，始終無法正面交代，例如禁閉室的監視器為何完全沒有畫面，軍檢署只一再強調「完全沒有畫面」，有人因此戲稱國防部是「國防布」，輿論也同時反映出人民對軍事審判制度的不滿。

軍事審判制度令人詬病的地方在於，軍事法院、軍事檢察署都隸屬於國防部，不只「求證、裁判、旁證加上主辦單位統統都是我的人」，

作為「審判機關」的「軍事法院」，卻「隸屬」於「行政權」的「國防部」，除了有侵害「權力分立原則」的疑慮，更有「審判不獨立」的陰影。

　　法院在「審判獨立」原則之下，並沒有所謂的「上級機關」，簡單來說法院要怎麼審判，無論是上級法院甚至是司法院，統統管不著。因此弔詭的是，軍事法院作為一間「隸屬」於行政機關（國防部）的「法院」，真的能做到「審判獨立」嗎？

　　輿論對軍事審判質疑的聲浪勢不可擋，立法院火速修正《軍事審判法》。如果現役軍人在「非戰爭狀態時」觸犯《陸海空軍刑法》中的罪，不再由軍事審判體系的軍事檢察官偵查、軍事法院審理，程序依照《刑事訴訟法》的規定，由一般司法體系的檢察官、法官分別進行偵查及審理的工作，實質上宣告軍事審判制度走入歷史。

　　簡單來說，雖然現役軍人還是用《陸海空軍刑法》的罪來審判，但審判的法院回歸到「一般法院」。

　　2015 年，立法院又修正《陸海空軍刑法》，其中針對「悔過」處分作調整，如果認為人身自由受到拘束，可以向法院或執行懲處的機關提出「異議」。

● 我們的國軍能不能更好？

　　2016 年，洪仲丘的姊姊洪慈庸當選立法委員，推動軍人退場機制的增訂，使適應不良的軍人有正常管道申請退伍，避免因為等不了

「簽下去」的退伍時間，用自殘或違法亂紀的方式試圖離開軍隊。

　　另外，洪慈庸委員也在任內推動「軍冤條例」，想讓過往的的軍事冤案處理可以制度化，可惜洪姊姊努力召開多次公聽會後，因為並非優先議題，在立法院至今沒有通過，洪姊姊也在卸任立法委員後，繼續在別的崗位上努力。

　　對於軍事審判制度的廢除，有政治人物批評「軍隊沒有軍法」，毫無戰力可言。姑且不論這樣的論點是對軍法體系缺乏理解，我們更應該認知到，軍人也是「人」，也有受到公平審判的權利，難道軍人就不配受到國家用合理的訴訟制度來保護嗎？

　　「洪仲丘事件」讓社會大眾看見國防部的黑布，也更重視軍中人權。沒有人會否認國防在兩岸特殊關係下的重要性，因此保障軍人的人權必定是要努力的方向。

遊蕩無賴，
就是流氓？

1985

七月

10

法律認證的
「流氓」

1985 年 7 月 10 日，
立法院三讀通過《動員戡亂時期檢肅流氓條例》。

● 政府怎麼管流氓？

　　早在日治時期，政府對流氓就有管制。若你居無定所、遊手好閒，
又傷風敗俗、破壞社會秩序，被知事或廳長查到，就是「流氓」。直到
戒嚴時期，政府也覺得流氓造成治安問題，所以用《臺灣省戒嚴時期
取締流氓辦法》來處理。流氓的定義因而變廣，如「不務正業，招搖
撞騙，敲詐勒索，強迫買賣或包庇賭娼者」等。

　　但該「辦法」因沒有「法律」依據，被監察院糾正。立法院之後
又陸續立法，希望可以在符合法治原則下管理流氓。在 1985 年立法

院終於三讀通過《動員戡亂時期檢肅流氓條例》（後修正為《檢肅流氓條例》）。

● 有法官看不下去這個法律！

後來這個《檢肅流氓條例》卻被大法官宣布違憲，而且還宣布 3 次，它到底壞在哪裡呢？

錢建榮法官在臺東遇到很多被提報「流氓」的受刑人，他們抱怨都已被判刑了，還要再感訓。例如有人恐嚇取財被判 6 個月，但卻要流氓感訓 3 年。錢法官認為這違反了「一罪不二罰」的原則，所以便承諾那些受刑人，一定幫他們聲請釋憲。

之後錢法官果然依約聲請釋憲，成為有名的「636 號解釋」。大法官在這號解釋中指出，《檢肅流氓條例》許多條文定義模糊，像是「霸占地盤」、「白吃白喝」、「品性惡劣」、「遊蕩無賴」，已違反「法律明確性原則」。部分條文也限制被移送的「流氓」與證人對質，違反憲法「正當法律程序原則」及「訴訟權」的保障。上述兩項已經違背憲法規定，因此該條例被宣告一年內失效。同時，該條例也規定法院不需讓要移送的「流氓」知道將感訓多久，大法官認為該規定過度侵害人身自由，要求相關機關改善。由於太多條文被宣告違憲而失效或是要求檢討修正，再加上先前已經被釋憲過兩次，重新檢討、修正變得非常困難。最後，在 2009 年立法院三讀廢除《檢肅流氓條例》。

● 要做好事也要用對方法

如果你看到好人被欺負，一定會希望法律可以避免這種情形發生，但其實法律並非如此萬能，法律也是有明顯的侷限性。畢竟法律是由人所創造，如《檢肅流氓條例》，若它定得太寬鬆隨便，就可能無法達到保護人民的效果。無心的法官都可能造成冤案，更遑論有些案例是被有心人陷害。

你住在炸藥旁邊，
卻不自知

1979

13

七月

臺北撫遠街公寓
深夜爆炸

**1979 年 7 月 13 日，臺北市撫遠街發生爆炸，
造成 33 人死亡、40 多人受傷。**

● 鄰居偷藏未爆彈？

　　當天晚上，位於撫遠街的連棟公寓突然發生爆炸。由於威力強大，導致公寓中間瞬間被炸成空心並倒塌，兩旁公寓也陷入火海。當時正值深夜，許多居民根本來不及逃難就葬身火窟，而多數的生還者則受到 2 到 3 度的灼傷。

　　傷患在第一時間被送往各大醫院，沒想到，部分醫院以設備不足為由，拒絕接收傷患。雖然事後解釋是應變不及才產生誤會，卻阻止不了輿論的反彈，反倒是馬偕醫院在床位不夠的情形下仍然接受傷患，受到媒體的讚揚。

事後，時任總統蔣經國和臺北市長李登輝都到場勘災。由於當時正值戒嚴時期，一度以為是中國攻擊。但後來的鑑定報告指出，引爆處是一家化工公司存放化學原料的地點，其中的「硬化劑」因為白天的高溫加上貯存不當，才引發爆炸，威力相當於數百公斤的黃色炸藥。

● 爆炸炸出的社會問題

　　這個事件直接催生了《消防法》規定經營「公共危險物品及高壓氣體各類事業」的人，必須先經過消防安全設備檢查合格之後，才能取得「營利事業登記證」。而內政部也修訂了相關辦法，後來也隨著社會變遷，相關規範的制定也愈來愈周全。

　　至於案發當晚醫院拒收傷患的問題，立法院在 1995 年通過《緊急醫療救護法》，要求醫院必須對緊急傷患進行「檢視」，並且依照醫療能力給予「救治」或採取「必要措施」。如果無法提供適當的治療也不能直接拒收，必須先做「適當的處置」，並「協助轉診」或向「救護指揮中心」報告並請求協助，避免醫院直接拒收病患，導致延誤治療的時間。

　　轉眼間過了數十年，當年因為爆炸受損的公寓拆除重建，現在仍然保持類似的樣貌，也有一些受災戶仍然居住在此處。

　　令人唏噓的是，法規的進步，付出的代價總是那麼高。

那些
不該存在的判決，
該如何處理？

2004

七月

14

歷史的傷口，
要如何癒合

2004 年 7 月 14 日，陳水扁總統頒發「回復名譽證書」
給 500 多位政治受難者及家屬。

● 發了幾十年的回復名譽證書

　　1991 年以前，只要你高談闊論政治，就有可能被抓進牢裡，甚
至失去生命。在「白色恐怖」時期全臺被許多恐怖的法令籠罩，政府
隨意審判之下也造成許多冤案及傷痛。直到 2003 年後，陳水扁政府
開始頒發「回復名譽證書」給 500 多位政治受難者及家屬，替他們平
反政府過去的不義行為。之後馬英九政府、蔡英文政府也都陸續頒發
「回復名譽證書」給政治受難者，累計數量已有上千份。

● 回復名譽證書是什麼？

白色恐怖時期過後留下許多不當判決，政府為處理當時犯下的錯，於 1998 年通過《戒嚴時期不當叛亂暨匪諜審判案件補償條例》，明定如何補償受難者。因為這部法律與它授權的要點，受難者或家屬才能向國家申請回復名譽，也因此有了「回復名譽證書」。拿到證書後，我的罪就會獲得平反嗎？答案是「不會」。法院認為這個回復名譽證書，不足以動搖原本的「有罪確定判決」。

● 我們該怎麼看待政治受難？

　　每年總統頒「回復名譽證書」時，常被報導成「遲來的正義」，但從司法機關的說法來看，該證書既然無法動搖原本的有罪判決，那究竟談何正義？政治受難者並非正常法律秩序下的犯罪者，因莫須有理由入獄的他們，在當代已有相當法治水準的社會下，理應有更適當的處置。因此，在 2017 年立法院三讀通過《促進轉型正義條例》，並依法成立「促進轉型正義委員會」。

　　根據促轉條例規定，若受難者依補償條例具有「政府賠償、補償或回復受損權利」的資格，那這些有罪判決與刑罰、保安處分及沒收之宣告，在促轉條例施行之日均視為撤銷，促轉會並會公告之。

　　2019 年 7 月，促轉會公告了第 4 波有罪判決撤銷公告，名單包括呂秀蓮、陳菊、施明德、雷震等與「美麗島案」或「自由中國案」之有關人士。截至目前為止，促轉會公告了近 6,000 名受難者的有罪判決撤銷訊息。

● 時間對年輕人是期望，對老人卻是期限

　　促轉條例的通過，對威權時代的反省雖更進一步，但有許多政治受難者等不到這一天。對受難者而言時間是轉型正義最大的敵人；但之於年輕人，最大的敵人卻是遺忘。我們須不斷傾聽與述說這些不該被遺忘的過去，才能讓威權的威脅真正遠離我們。

中國人，
是不是外國人？

1992

七月

16

立法院三讀通過
《臺灣地區與大陸地區
人民關係條例》

**1992 年 7 月 16 日，
立法院三讀通過簡稱《兩岸人民關係條例》的
《臺灣地區與大陸地區人民關係條例》。**

● 兩岸條例知多少

　　為什麼要制定《兩岸人民關係條例》？因為 1987 年，政府開放赴
探親後，臺灣與中國之間的交流往來逐漸密切，然而，「中國是不是
外國」這個尷尬的問題，讓政府必須花心思處理與中國之間的關係。
也因此，為了補足兩岸人民間權利義務的規定，並解決開放後衍生的
爭議，立法院依據制定了《臺灣地區與大陸地區人民關係條例》。
　　制定《兩岸人民關係條例》的依據，其實是來自《中華民國憲法
增修條文》第 11 條「自由地區與大陸地區間人民權利義務關係及其

他事務之處理，得以法律為特別之規定。」白話一點來說，就是「中國人」的權利，可以和「外國人」不一樣。

所謂「自由地區」，在《兩岸人民關係條例》中叫作「臺灣地區」，也就是「臺灣、澎湖、金門、馬祖及政府統治權所及之其他地區」；相對地，「大陸地區」的定義則是「臺灣地區以外之中華民國領土」。

所以，「中國人」在《憲法》中的地位，既不是「外國人」，也不是「臺灣人」，只是比較特殊的「人」，不上不下的定位，是不是很尷尬呢？

● 近期對兩岸條例有哪些調整？

2019 年，《兩岸人民關係條例》增訂，如果政府要和中國簽訂涉及「政治議題」的協議，行政院必須在協商開始前 90 天向立法院完成報告，並且得到全體立委 3/4 出席、出席立委 3/4 同意後，才能開啟協商。完成協商後，還要經過全民公投、協議機關簽署、換文並報請總統公布後，才能讓協議生效。

這個堪比修憲門檻的規定（1/4 提案、3/4 出席、出席 3/4 決議、公告半年後由總選舉人複決過半數同意），目的是讓立法院能確實審查對中國的政治協議，落實民意監督，避免行政機關輕忽怠慢。

此外，中資在臺灣從事投資行為也必須向主管機關申報，若未得許可，最高將可處 2,500 萬元罰鍰。目的在遏阻違法投資，避免中國以投資的方式，干涉臺灣的經濟或政治活動。

● 頭痛醫頭，腳痛醫腳？

《兩岸人民關係條例》是臺灣對中國關係的重要規範之一，每次調整不但對我們與中國的關係影響深遠，在兩岸之間往來交流的臺灣人民更是首當其衝。

和平協議，
真的和平嗎？

2011

七月

17

歐巴馬與
達賴喇嘛會面

臺灣時間 2011 年 7 月 17 日，
美國白宮公布總統歐巴馬會晤
圖博（西藏）流亡精神領袖第十四世達賴喇嘛
丹增嘉措的消息。

● 達賴喇嘛與美國的情誼

　　歐巴馬與達賴喇嘛於 2011 年 7 月 17 日（美國時間 16 日）會面，此
舉激怒中國，中國外交部也馬上針對此次會面提出抗議。中國方面認
為美方干涉中國內政，不僅傷害中國人民感情，也損害了中美關係。
美國方面則回應，這次會面是顯示歐巴馬總統堅決支持保護圖博（西
藏）獨特的宗教、文化、語言、傳統，以及保護圖博人民人權的立場。

● 達賴喇嘛與中國的糾葛

　　達賴喇嘛與中國的關係可追溯至 1949 年，中華民國政府在國共內戰失利，當時控制「西藏地方」的噶廈政府，為了避免捲入國共內戰而落入中國共產黨的控制，於是驅逐所有中華民國政府的官員。

　　當中華人民共和國逐漸控制西藏地區周圍的省份之後，噶廈政府也向英國、美國以及中華人民共和國政府表示，將會維持圖博獨立的狀態，並對任何入侵行動作出抵抗。1950 年 3 月西昌戰役爆發，中華人民共和國政府擊敗中華民國政府，控制西康省。同年 10 月，中華人民共和國進入康區西部，與藏軍爆發衝突。而在「昌都戰役」戰敗後，噶廈政府向外尋求國際援助，希望能制止中國入侵，但卻無法獲得有效援助。同年 12 月，第十四世達賴喇嘛離開拉薩。

　　最後，噶廈政府放棄向國際求援，與中國政府展開談判。

　　1951 年初，由達賴喇嘛任命的代表團在北京與中國政府簽署《中央人民政府和西藏地方政府關於和平解放西藏頒發的協議》(簡稱「十七條協議」)，雙方確立「西藏」是中國領土的一部分、中國人民解放軍入藏，而中國政府保留噶廈政府一切固有的政治制度。同年 10 月，達賴喇嘛同意「十七條協議」，中華人民共和國正式併吞圖博。

　　但是「十七條和平協議」簽訂後，並沒有確保圖博的和平。

　　1950 年代中後期，四川、青海、甘肅、雲南等地因為中國實施「人民公社」制度，使得當地藏族與中國政府爆發衝突。許多藏族則因而

逃到拉薩，導致拉薩局勢逐漸混亂，再加上中國政府代表與拉薩當地藏人的矛盾日益加深，最後導致 1959 年拉薩騷亂，藏軍與解放軍發生武力衝突，達賴喇嘛出逃至印度。

達賴喇嘛流亡到印度之後，宣布拒絕承認「十七條協議」，並表示這份「十七條協議」是在中國的逼迫下簽署的。而中國政府也解散了原本的噶廈政府，成立「西藏自治區」，此舉等於撕毀「十七條協議」，由中國政府直接控制圖博。

● 至於逃亡到臺灣的「中國」a.k.a 中華民國
　與圖博的關係呢？

1959 年達賴喇嘛出逃後離開西藏，於 1960 年成立西藏流亡議會與「藏人行政中央」，達賴喇嘛則擔任政府的最高領導者。

2011 年，達賴喇嘛宣布決定轉移政治職務權力，不再擔任領導人職責，改交由人民民主選舉產生的藏人行政中央領導人來承擔所有政治權責。

1997 年起，達賴喇嘛三度訪問臺灣，1997 年與 2001 年分別與李登輝前總統及陳水扁前總統會面。2009 年則是與當時為民主進步黨之黨主席蔡英文等人會面。

在臺灣，我們也有關注西藏人權議題的「臺灣圖博之友會」，反對中國政府於圖博境內對該地人民進行違反人權等相關行為，並以實

際言論及行動支持西藏應享有文化、宗教、經濟、社會等權利。

2008 年，拉薩發生流血衝突，陳水扁總統也針對這起事件發表意見，認為西藏與中國雖然簽署了和平協議，但協議隨時可能變成廢紙，仍無法避免中國政府數次的血腥鎮壓。

或許現在享有各種自由與權利的我們，可以試想一下，當初西藏與中國政府所簽訂的《中央人民政府和西藏地方政府關於和平解放西藏辦法的協議》簡稱的《十七條協議》，這樣的「和平協議」，真的和平了嗎？

法院叫你來打球，
你不能說不？

1995

七月

18

臺北地方法院下令
拘提臺北市長陳水扁

1995 年 7 月 18 日，
法官表示將拘提時任臺北市長陳水扁，
要求他到庭說明涉嫌妨害公務的案件。

● 陳水扁為什麼被拘提？

　　1991 年立法院國防委員會要選舉召集委員，當時民進黨立法委員陳水扁與另外 2 名同黨立委洪奇昌、彭百顯為了「國防透明化」的訴求，爭取召集委員的資格，並在選舉過程中搶走且撕毀國防委員會選舉時的選票。因「撕票」行為涉嫌《刑法》妨害公務罪，但是過了 4 年他們卻都沒有到庭，法官決定「拘提」他們 3 人到案。

　　有趣的是，洪、彭兩人因還是立委，按照《憲法》規定，「非經立法院許可，不得逮捕或拘禁。」這也就是說，未得到立法院同意，

法院不能動他們，只能發函請求立法院同意法院拘提。但陳水扁在
1994 年當選臺北市長，不再享有立法委員不被逮捕的特權，依法可直
接強制拘提，法院因此也簽發拘票。

　　法院拘提的命令自然就落到臺北市政府警察局身上。尷尬的是，
市警局去抓自己的長官好像「怪怪的」，但又不能不執行法院的命令，
這讓市警局相當為難。身為「被告」的「陳水扁市長」，甚至在拘提期
限的最後一天，還到「奉命拘提」的刑警大隊做例行性視察，看到「被
告」找上門來的市警局抓也不是、不抓也不是。不過，陳水扁也沒有
讓警察局尷尬太久，7 月 28 日他主動到地方法院出庭說明。

● 拘提到底是什麼？

　　根據《刑事訴訟法》規定，法官或檢察官想叫被告來問話，會用「傳
喚」（也就是我們常聽到的「發傳票」）要被告某年某月某日到法院或地檢署。
若被告不來，檢察官或法官可以進一步依《刑事訴訟法》規定簽發拘票，
強制「拘提」被告到案說明。

　　簡單來說，法官或檢察官發傳票叫你來打球，你不能說不。你敢
不去，法官或檢察官可以叫警察把你抓去打球。

● 如果當時阿扁不是臺北市長而是總統大位，會不一樣嗎？

　　答案是：「會」！因為總統有「刑事豁免權」。根據《憲法》規定，
「總統除犯內亂或外患罪外，非經罷免或解職，不受刑事上之訴究。」
這也就是說，除非總統犯內亂或外患罪，不可限制總統人身自由。但
千萬不要以為得到總統職位就無敵了，因為憲法所保障的刑事豁免權
僅發生在總統的「任期內」，一旦卸任，還是會受到審判。換句話說，
這種豁免權是一種「暫時性」的程序障礙，而非永久的保護。這也是
為什麼陳水扁和馬英九一卸任，就被告上法院了。

反共義士被
「自由中國」槍決

1990

七月

20

如果治亂世用重典，
那為什麼
亂那麼久還沒好？

1990 年 7 月 20 日，
因為綁架長榮二公子勒贖被判處死刑的
「反共義士」馬曉濱及其同夥，被執行槍決。

● 馬曉濱是誰？

　　韓戰結束後，「紅色中國」的戰俘中有一萬多人選擇來到當時稱
作「自由中國」的臺灣。當時國民黨中央委員會提出通報，希望大家
用「可敬愛的反共義士」或「親愛的同胞」等取代「匪俘」的稱謂。
自此，在政府的反共政策下，許多逃離「紅色中國」而來到「自由中國」
的人，都被稱為「反共義士」。

　　馬曉濱就是「反共義士」的其中之一人。

　　當時許多「反共義士」不是為了反共或追求自由，有的是被逼迫

或者為了利益，而馬曉濱是後者，他懷著想到外面發大財的想法，決定偷渡出中國。

1986 年 6 月他們漂到南韓，在雙方政府交涉下被安排來臺灣。在短暫風光的政治宣傳後，政府懷疑與馬曉濱同行的人中有間諜，把他們被送到澎湖「偵訊調查」。馬曉濱想都沒想到，甫才從「紅色中國」逃到「自由中國」，竟馬上又失去自由。等到真正踏入臺灣社會，已經是 2 年後的事了。

● 無法融入社會的反共義士

政府並沒有給予這些「反共義士」足夠的照顧。雖然來到自由社會，但馬曉濱始終無法順利融入臺灣。他不僅進到職訓所無法學好技能，還被視為二等公民，領著比臺灣人還低的薪水。窮困潦倒的他結識了長榮海運的離職警衛王士杰，並與之前在澎湖難民營認識的唐龍，三人合意綁架長榮張榮發的二兒子張國民。

1989 年 11 月 17 日，三人綁架了剛離開長榮的張國民，並寄出勒贖信表示要五千萬贖金才放人。在綁架過程中，三人沒有傷害張國民，隔天他們拿到贖款後並放人。但暗自跟監的警方迅速抓到王士杰與唐龍，馬曉濱隨後攜帶贓款自行投案。

法院並沒有因為馬曉濱自行投案、沒有傷害張國民，或者贓款幾乎歸還等原因而輕判；相反地，法官還認為他「惡性重大」，三審都

以《懲治盜匪條例》中的擄人勒贖罪，判處唯一死刑，最後也被執行死刑。

● **不負責任的政府：反共義士只是拿來利用的稱號**

在馬曉濱案中，許多民間團體聲援不要判死，也開始了廢除死刑的運動。也因此本案最後有聲請大法官解釋，並且做成「釋字263號」解釋。

根據當時《刑法》規定，「擄人勒贖罪」的法定刑是「死刑、無期徒刑或七年以上有期徒刑」，只有「擄人勒贖」又「故意殺人」，才會是唯一死刑。不過，當時為了「治亂世」，還有《懲治盜匪條例》擋在前面，因此「擄人勒贖罪」無論情節輕重，都是唯一死刑（關於《懲治盜匪條例》的爭議，可以參考《臺灣法曆》上冊中，5月1日的內容）。

● **擄人勒贖該判「唯一死刑」嗎？**

針對此案件，大法官因而認為，對於意圖勒贖而擄人者處死刑之規定，主要的目的是要嚇阻這樣的犯罪，基本上是合理的。但是每一個案件的狀況都不同，不分犯罪情況或是結果都一律處以死刑，其實是有失公平的，應該要檢討。

看起來大法官好像是要宣告違憲對不對？但是，並沒有。

大法官繼續接著說：「因為刑法第 59 條有可以減輕其刑的規定，所以像是如果沒有拿錢就釋放被害人，是可以不用判到死刑，所以《懲治盜匪條例》中的擄人勒贖罪唯一死刑規定，並沒有違憲。」

這樣的解釋也遭到了很多人的批評。我們可以想想，如果任何不合理的條文，都可以因為《刑法》第 59 條：「犯罪之情狀顯可憫恕，認科以最低度刑仍嫌過重者，得酌量減輕其刑（這邊的意思是，假設該罪刑法規定是要被判 3 ～ 5 年之間的徒刑，所以最低本刑是 3 年，59 條使用過後可以降到 3 年以下）」，那是不是其實不會有任何刑法的刑度是有問題的？

因此有論者認為，當我們在討論一條《刑法》中的刑度時，不應該將《刑法》第 59 條拉進來討論，因為那樣並沒有辦法聚焦在那個有問題的法條上。

我們也可試想一下，如果擄人勒贖是唯一死刑，那若是犯人綁架完後得到金錢，還是死刑，這樣犯人還會想釋放肉票嗎？

法律的目的之一，就是要讓破壞社會的行為降到最低，但唯一死刑，真的是一個好方法嗎？也因如此，「唯一死刑」的制度被法律界大力批評。好在修法之後，臺灣也沒有這樣的制度了。

信神不信黨，
全家勞改場

1999

七月

22

中國政府
全面鎮壓法輪功活動

1999 年 7 月 22 日，中國政府發布
《中華人民共和國民政部關於取締法輪大法研究會的決定》，
開始對法輪功全面鎮壓，並宣布法輪功是非法組織。

● 法輪功是邪教嗎？

　　法輪功是 1992 年在中國發起的氣功打坐、佛教道教修煉法，後來還傳播至西方。1999 年，中國估計修煉人數約有七千萬人，比人數約六千萬的中共黨員還多。

　　中國政府隨即發起壓制行動，在報紙發表文章批評法輪功。有人認為，中國這麼大力禁止，是由於法輪功與政府的意識型態不同，人數又多於共產黨，因而害怕其失去對黨國的忠誠 —— 最高的是領導人，不能是法輪功。

之後，中國持續發生法輪功學員被抹黑與毆打逮補的事件。成員為此上訪北京，演變成在北京及天安門廣場和平示威，後來被當成非法集會遭到鎮壓。中國政府看事件愈演愈烈，成立「610 辦公室」，也就是專門處理法輪功問題的單位。1999 年 7 月 22 日，中國全面鎮壓法輪功的各種活動，並宣布六大禁止，例如禁止張貼有關法輪功的圖示或標記、禁止弘法及禁止書籍等。

鎮壓開始後，各類媒體大肆將法輪功打造成危害社會秩序、顛覆國家政權的異端邪說。為了讓成員放棄修煉，有大量成員被送往勞改營，遭受身心理的酷刑，利用毆打電擊、藥物削弱意志等方式，「轉化」成員想修煉的意念。活摘器官等關鍵字當然在中國是搜尋不到的，但是由加拿大官員及國際人權律師提出的《喬高 —— 麥塔斯調查報告》中，指出中國拘禁良心犯、活摘器官，這其中包括法輪功學員及部分維吾爾人、西藏人。

● **思想控制的不自由**

你可能會問，假設他們是邪教，不是應該要處理嗎？

沒錯。但如果是在臺灣，也是要看邪教做了什麼「行為」，再用法律加以處理。否則就算被認為是邪教，卻沒做違法的行為，難道國家就應該抓他們嗎？而邪教的定義又是什麼？誰又能來定義呢？

在臺灣你想說東吳法好、北大法好，還是法輪大法好，可能會被批評，但不會因此被拘禁或思想控制，因為憲法保障你的宗教自由。也因在釋字 490 號解釋中，大法官明確地提到，在我們這個國家，是絕對不能限制每一個宗教的「內在信仰自由」。

食品界的良心，
放到過期

2015

七月

23

義美小泡芙過期案，
四名被告
一審宣判緩刑兩年

2015 年 7 月 23 日，
偽造產品投料紀錄表的義美龍潭廠員工 4 人，
被法院以違反偽造文書罪為由，處 2 至 6 個月徒刑，緩刑 2 年。

● 不新鮮的小泡芙

　　2010 年 9 月到 2012 年 8 月間，義美龍潭廠使用一組在 2010 年 8
月就過期的「大豆分離蛋白」當作原料生產小泡芙等產品。

　　品管人員發現原料過期後，為了避免影響申請 ISO 認證，4 名被
告於是偽造了這批大豆分離蛋白的資料。全案在 2013 年被檢舉，檢
察官偵查後以違反偽造文書罪起訴，法院判決有罪，緩刑 2 年。

　　但是在 2013 年案發時，根據檢察官的估計，恐怕已經有 432 萬
包被消費者吃下肚，而當時仍有 144 萬包在市面上流通。

● 有罪，為何不用被關？

一般來說，如果被法院判決有期徒刑確定，就要入監服刑。但為什麼義美這群人不用呢？

《刑法》規定被告如果被處 2 年以下有期徒刑、拘役或罰金，在符合一定要件的情況下，法官可參酌犯人的犯罪情節和認罪表現，宣告緩刑 2 至 5 年。在宣告緩刑的同時法官也可以加上一些附帶條件，像是道歉、賠償被害人損失、繳錢給國庫等等，緩刑期滿後沒被撤銷的話，被告就可以不用服刑。不過，緩刑期間內如果再故意犯罪（然後被判 6 個月以上有期徒刑確定），可能會被撤銷緩刑，然後抓回去關。

緩刑制度的存在其實是避免短期自由刑的弊病 ——「短到不足以使人變好，卻長到足以使人變壞」，有時候把輕罪的犯人丟進監獄，不一定能達到矯正的效果。另外，緩刑的制度也給輕罪的犯人改過自新的機會，並且透過相關配套，督促他們在緩刑期間內改過向善（不然就把你抓進去關）。

本案的 4 名被告，刑度只有 2 至 6 個月，且沒有前科，符合刑法第 74 條的規定，犯後態度也良好，所以法官想再給他們一次機會，於是緩刑 2 年。另外法院也要求他們分別繳納公庫 15 至 60 萬不等的金額。

法院在判決中直接提到：「刑法本於刑事政策之要求，設有緩刑制度，其消極方面在避免短期自由刑之弊害，使犯人不至於在監獄內感染或加深犯罪之惡習與技術，甚至因此失去名譽、職業、家庭而自暴自棄，滋生社會問題。」

制度的缺失，
奪走四條人命

2000

七月

24

八掌溪事件是天災，
更是人禍

2000 年 7 月 24 日，行政院院長唐飛因為「八掌溪事件」
口頭請辭，而且十餘位官員更遭記過處分。
這起事件暴露了當時防災體系的缺失，
更是甫上任的陳水扁政府嚴峻的考驗。

● 八掌溪暴水沖走工人，救援延誤害命

　　2000 年 7 月 22 日，8 名工人在八掌溪的河床上施工，因為上游
下大雨導致山洪暴發，下午 5 時 23 分左右洪水沖抵工地，其中 4 名
工人來不及逃離，只能報案並佇立於溪中等待救援，但救援始終沒有
出現。直至下午 7 時 5 分，4 人因體力不支，在媒體即時轉播及眾目
睽睽下被洪水吞噬。等再次被發現時，已是 4 具冰冷冷的遺體。

● 明明報了案，失蹤的卻是救援單位？

嘉義縣消防局確實接獲報案，試圖救援失敗後也立即拜託上級「消防署」，請求「國軍嘉義聯隊」申請海鷗直昇機。聯隊上尉卻表示若要申請海鷗直昇機，必向「國軍臺北海鷗指揮部」申請。嘉義縣消防局於是轉向「臺北海鷗指揮中心」，但指揮中心搜救官又表示 2,500 公尺以下由「空警隊」負責，請嘉義縣消防局先行申請，若空警隊無法執行，再向海鷗部隊申請。碰壁的嘉義縣消防局只好再向嘉義縣警察局申請空警隊救援。嘉義縣警察局表示，空警隊飛機太小，距離太遠無法支援。嘉義縣消防局只能再分別向「消防署」、「國軍搜救中心」及「台本空警隊勤務中心」求援。這段期間，這些單位又相互打電話確認，遲遲未派出救援。

　　最後，終於確認臺中空警隊會前來支援。直昇機在下午 6 時 55 分起飛。然而尚未到達彰化前，臺中空警隊勤執中心卻通知工人已於下午 7 時 5 分被水沖走。

● 永遠學不乖，出了事，才開始檢討制度

　　4 條人命因制度問題最終導致死亡悲劇，政府難辭其咎。時任行政院院長唐飛雖口頭請辭，但考慮新政府剛上台不久，因此改由副院長游錫堃請辭。承包商負責人讓工人在未有安全設備下施工，被法院以違反《職業安全衛生法》及《刑法》業務過失致死罪為由，處有期徒刑 2 年、緩刑 3 年。工地監工、消防局隊員、消防署官員及警政署隊員，也均被檢察官以違反業務過失致死罪、廢弛職務釀成災害罪、公務員職務上登載不實罪起訴。但法院認為這幾名被告已盡他們的義務，問題出在當時制度、裝備及訓練的缺失。中央政府在此事之後也成立「國家搜救指揮中心」，統合各部會資源，目前歸於「內政部消防署」之下，避免各單位遇到災害時變成多頭馬車。

　　「八掌溪事件」為臺灣救難制度帶來極大的衝擊。但無論如何補救，都已無法挽回 4 條珍貴的性命。

我已剪短我的髮，
卻剪不斷威權

2005

七月

25

校園髮禁
正式走入歷史

2005 年 7 月 25 日，
新聞報導教育部長正式解除
全國公私立學校維持將近 50 年之久的髮禁。

● **髮禁：男生三分頭、女生西瓜皮**

　　早期教育部曾發函規定，國中男生髮長不能超過 3 公分，女生髮長不超過耳垂下 1 公分，也就是所謂的男生「三分頭」、女生「西瓜皮」。當時甚至有男生複檢如果沒過，學校長官就會在男生頭頂剃出一條「高速公路」，讓你不得不將整頭剃掉的說法（聽爸爸說的啦）。

　　雖然到了 1987 年，教育部解除髮禁，實際上仍然有許多學校繼續實施。有半數的學生每月被檢查一次頭髮，也有半數以上的學生會直接被學校剃髮，並記警告與小過等處分。

一直到 2005 年，時任教育部長杜正勝才宣布完全解除髮禁，發文至全國公私立國高中表示，個人髮式是屬於人權的範圍，不應該對此懲罰或檢查，要尊重學生自主權。一開始引起許多反彈，只有部分學校例如建國中學、北一女中等學校宣稱早無髮禁，校方不會過度干涉，但仍有許多私立學校不願配合。

● 身體自主權、言論自由的戕害

有人認為，頭髮是身體的一部分，而選擇頭髮的造型也涉及個人表達自我的方式。為了讓所有學生看起來有紀律，而限制頭髮樣式和長度，反而限制了憲法所保障的身體自主權、人格權及言論自由。

學校並非軍營，似乎不應該有「特別權力關係」存在，單純為了紀律或一致性，對個體的身體和言論自由加以限制，理由並不充分。難道，校園紀律或者學生的個人表現，會因為頭髮多一公分，而少一分嗎？

● 威權心態，才該被剪斷

1960 年代後期，地方上嬉皮長髮風靡，臺灣的長髮男女則被迫剪斷了髮，後來雖然在政治上解嚴了，卻沒有從文化上、觀念上揚棄這些迷思。

如今教育部規定，學校必須以民主方式決定服儀規定，在校園管理與學生自主達成平衡。然而，仍有人主張「學生就該有學生的樣子」，認為只有符合「學生樣子」，才是「好學生」。但所謂「學生的樣子」又是如何？隨著學風日漸自由，過去那套定義還受用嗎？

頭皮下的內容物，真的與頭皮上的毛髮長短有關聯嗎？

按下電鈴之後的
強盜殺人案

2011

七月

27

基隆國中教師命案，
三名被告兩個死刑、
一個無期徒刑

2011 年 7 月 21 日，
新聞報導「基隆國中教師命案」臺灣高等法院更二審宣判，
三名被告犯強盜殺人罪，Y、S 處死刑、C 處無期徒刑。

● 搶劫然後殺人

　　被害人是基隆某國中的教師，Y 和她曾是鄰居。Y 發現被害人家中經濟狀況還不錯，於是起了貪念。2008 年 12 月 8 日，Y 找了好友 S 和 C 一起到被害人於基隆的住處準備行搶。三人翻牆進入社區，到被害人租屋處按門鈴。被害人開內門，看到門外沒人於是再開外門，三人見狀馬上壓制被害人。為了避免被害人掙扎聲過大驚動鄰居，他們以膠帶綑綁被害人手腳，幾乎將她綑成一個木乃伊。被害人仍未放棄掙扎，S 甚至褪去被害人下半身衣物藉此脅迫被害人不要輕舉妄動。三人搜刮財物後，Y 擔心被認出，決定當場殺人滅口，Y 與 C 以電線

勒住被害人脖子、S 則壓住被害人的腳，被害人因而死亡。

最後，他們得手 2 萬多元現金及數枚墜飾，並以被害人提款卡盜領 4 萬多元。

● 死刑定讞！

因犯罪事實明確，法院最後判三位加害人《刑法》第 332 條第 1 項強盜殺人罪定讞。但法官在判決裡特別交代，Y 與 S 在犯罪過程中決定殺人，早就有預備的意圖十分可惡，所以判決死刑。至於被告 C，法官認為他一起參與殺人的犯行雖可惡，但他不像另二人早有預備強盜的犯行，而是另行起意。也由於 C 的父親生病急需用錢，且在犯案過程中有提到：「錢拿一拿就好了，不要傷害人家」，但卻不被接受，且他最後拿的錢也比另外兩個人少。法官經考量後，認為 C 的犯罪行為和另外兩人不同，所以判處「無期徒刑」。

● 法官不是機器，他會考量一切

為什麼在這個案子中，一樣是強盜殺人，法院卻考量那麼多細節以後，判處 C 無期徒刑？那是因為《刑法》第 57 條關於量刑是這樣規定：「科刑時應以行為人之責任為基礎，並審酌一切情狀，尤應注意下列事項，為科刑輕重之標準：

① 犯罪之動機、目的。② 犯罪時所受之刺激。③ 犯罪之手段。④ 犯罪行為人之生活狀況。⑤ 犯罪行為人之品行。⑥ 犯罪行為人之智識程度。⑦ 犯罪行為人與被害人之關係。⑧ 犯罪行為人違反義務之程度。⑨ 犯罪所生之危險或損害。⑩ 犯罪後之態度。」

看到這裡，你應可以了解為什麼會有這樣的判決結果。法官須調查被告所有和犯罪有關的事情，而這需要非常多的時間來理解，因此在判決書中，關於被告的量刑，法官也花了非常大的篇幅來說明。

原住民正名運動

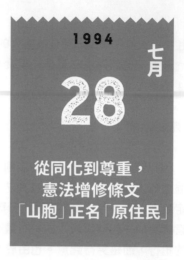

1994
七月
28

從同化到尊重，
憲法增修條文
「山胞」正名「原住民」

**1994 年 7 月 28 日，國民大會第三次修憲，
將《憲法增修條文》中的「山胞」，正名為「原住民」。**

● 「山胞」是你叫的，卻不是我要的

　　1945 年，中華民國政府開始統治臺灣後，將原本日治時期成為「高砂族」的原住民族稱作「高山族」。而後，臺灣省政府發布命令，將「高山族」改稱為「山地同胞」，簡稱「山胞」，這樣的稱呼一直維持到 90 年代修憲。

　　1992 年第二次修憲，在《憲法增修條文》中新增規定，要求國家應該保障「山胞」的地位、政治參與、教育及文化等。然而，「山胞」兩個字卻隱含著大中國主義的意涵 —— 將原住民族視為「炎黃子孫」、是「中華民族」的「山地同胞」。有原民會主委 Icyang Parod 也曾表示：

「將原住民稱呼為山胞就是要將原住民視為要同化的對象，完全不尊重原住民的主體性。」

但是，「原住民族」的概念，無疑是挑戰國民黨信奉的大中國主義。甚至更有人認為「大家都是中國人，不要分彼此」，整個中華民國就只有一個「中華民族」，不能再分出原住民「族」，讓推動原住民族正名運動格外困難。

● 「山胞」正名為「原住民族」修憲史

面對外界種種質疑，原住民族的團結及黨外民意，還是讓「原住民」的正名從不可能變成可能。1992 年，第二次修憲時一度露出曙光，雖有納入提案，卻沒有形成共識，「原住民族」未成功入憲。即便如此，原住民族正名運動未曾停歇。1994 年，民進黨將「原住民族正名與自治」列入憲改議題，李登輝總統也在「原住民文化會議」，使用「原住民」一詞，而非「山胞」。

終於在 1994 年 7 月 28 日，國民大會以一票之差通過將「山胞」正名為「原住民」。1997 年第四次修憲，再將僅有個人性的「原住民」正名為「原住民族」，從憲法的高度承認原住民族的族群集體性。

● 原住民族的權利，需要大家來努力

2005 年，作為落實憲法原住民族權利保障的第一步，《原住民族基本法》正式上路。不過，無論是制度面還是執行面，都有許多需要努力的空間。

2016 年，蔡英文總統向原住民族 400 年來所承受的苦痛和不公平待遇道歉，並設置「原住民族歷史正義與轉型正義委員會」，希望透過政策的推動「讓世世代代的族人，以及臺灣這塊土地上所有族群，都不會再失語，不會再失去記憶，更不會再與自己的文化傳統疏離，不會繼續在自己的土地上流浪。」

高雄市議員
在中國被殺害

1998

七月

31

前高雄市議員
因債務糾紛
在中國被綁架殺害

1998 年 7 月 31 日,
在中國失蹤的民進黨籍高雄市議員林滴娟,
證實遭到綁架殺害。

● 命案經過

　　林滴娟是民進黨籍的政治人物,1994 年當選高雄市議員時年僅 28 歲。1998 年,她與男友韋殿剛前往中國大連,因男友與生意客戶李廣志有債務問題,兩人在中國被綁架。林滴娟被注射昏迷藥物卻因施打過量休克死亡。後來中國公安只抓到綁架的 4 名嫌犯,李廣志並未落網。中國鞍山市中級法院分別判處四名被告死刑及無期徒刑,並賠償約 50 萬人民幣。但因被告名下並無財產,被害家屬也拿不到賠償金。家屬上訴後,遼寧省高級人民法院仍維持中級法院判決,並在判決後迅速執行被告死刑,也駁回家屬附帶民事訴訟的上訴。林滴娟

家屬認為判決有瑕疵因而深感不滿，更何況主嫌李廣志仍逍遙法外。

● 一場命案，兩岸隔空互嗆

　　不只林滴娟家屬不滿，民進黨也認為在中國發生命案，應由海基會等單位處理。但中國忽略林滴娟高雄市議員的身分，越過民進黨、海基會、陸委會，只願意與家屬直接接觸，刻意以「民間糾紛」處理。臺灣方面批評中國政府「漠視人權、罔顧人命」。民進黨人士更表示：「中國對臺灣人民赴陸，沒有盡到人身安全的保護。呼籲暫緩前往旅遊、投資。」中國國臺辦則駁斥，一切依照國家法律，由海協會與家屬接觸，有妥善處理且受家屬及隨行親友肯定。對上述指控，是民進黨和臺獨組織藉機斷絕兩岸交流、挑撥兩岸人民感情。

● 欠債隔條海峽，該如何解決？

　　這起命案起因是債務糾紛，但因臺灣與中國的法律不同，只能靠暴力解決嗎？當然不是！《臺灣地區與大陸地區人民關係條例》中規定：「在大陸地區作成之民事確定裁判、民事仲裁判斷，不違背臺灣地區公共秩序或善良風俗者，得聲請法院裁定認可。」及「前項經法院裁定認可之裁判或判斷，以給付為內容者，得為執行名義。」也就是中國法院作成的民事確定裁判，若臺灣的法院說 OK，那中國法院的裁判就會拘束當事人，甚至可以在臺灣聲請強制執行。相反地，根據中國《最高人民法院關於認可和執行臺灣地區法院民事判決的規定》，如果中國的法院也同意臺灣法院的判決，那雙方當事人就會受到臺灣法院作成的判決拘束。

　　之所以會立這部法案，是有鑑於兩岸訴訟制度及仲裁體制不同，希望能維護我國法律制度，並兼顧當事人權益，在兩岸民事有糾紛時有正當管道尋求法院救濟。

AUGUST

八月

你的歲月靜好，
不過是有人替你負重前行

你的史觀，
誰來決定？

2015

1

八月

2015 年
黑箱微調課綱上路，
學生群聚教育部抗議

2015 年 8 月 1 日，
「普通高級中學語文及社會領域課程綱要微調」正式上路。
在此之前，因內容涉及「去除臺灣主體性、加入中國史觀」，
加上程序不透明，引發以高中生主導的「反黑箱課綱」運動。

● 誰在起爭議

　　2014 年 1 月，教育部以「錯字勘誤、內容補正及符合憲法之檢核」
為由，召開「101 課綱微調」會議，依前中國統一聯盟副主席、臺大
哲學系教授王曉波為首，調整課綱。本次新課綱爭議主要在於用字遣
詞涉及中國史觀而欠缺臺灣主體性，也帶有歧視性用語，引起輿論譁
然。更有學者認為，修改的程度並非「微調」。

2015 年 5 月，臺中一中學生於百年校慶高喊抗議口號，反課綱運動正式展開。學生也在各校串聯，更有人以徒步環島表達反課綱訴求。同年 7 月卻發生一起悲劇，一位反課綱的學生在家輕生，雖家長表示孩子自殺與反課綱無關，但希望退回課綱卻是該名學生死前的願望。

● 課綱爭議究竟在吵什麼？

在歷史課綱中，「荷西治臺」改為「荷西入臺」、「清朝」改為「清廷」並強調清朝時期臺灣的現代化建設、日本統治改成日本「殖民」統治、以光復取代接收、「中國」改成「中國大陸」等爭議。

在公民課綱中，刪除 228 事件與臺灣白色恐怖時期。地理課綱中更以「外籍新娘、菲傭、印傭」等歧視性的名詞來稱呼「新移民、移工」，被認為違反《入出國及移民法》中的反歧視條款。國文課綱則增加文言文的比例，減少臺灣題材的文章。

另外，新課綱總召集人王曉波的專業背景及政治立場也倍受質疑。對此，臺灣人權促進會要求政府公開專案研究報告、會議紀錄等資料，但遭教育部拒絕，因此提起行政訴訟。

● 最高行政法院怎麼說？

臺北高等行政法院一審判教育部敗訴，認為教育部應公開檢核小組成員名單。教育部二審上訴後，最高行政法院認為，一審法院對於「應不應該公開」的問題沒有調查清楚，須斟酌公開後是否影響課綱品質、審議委員個資是否敏感等因素，因而發回重審。

2016 年 4 月立法院院會表決通過要求教育部撤回高中國文、社會科微調課綱。同年 5 月，新政府上任後，教育部尊重立院決議，廢止 2014 年通過的課綱微調。臺權會也在 2017 年撤回訴訟，讓充滿爭議性的「課綱微調案」落幕。

第一次官商勾結
收回扣就上手

2012

八月

2

一人得道，
雞肉飯升天

2012 年 8 月 2 日，民進黨籍的嘉義縣長張花冠以及她的妹妹
張瑛姬被爆出涉入政府採購弊案，張瑛姬被聲押獲准。
經調查後，涉弊的標案如雪球愈滾愈大，
最後查出總共將近二十件弊案。

● 一句「妳自己看著辦就好」，成為收回扣的開始

　　在政府採購案中，最重要的一關是成立「評選委員會」，評選委員
會的專家負責評選哪家廠商可以得標，縣長對評選委員人選有核定決
策權限，也可授權機關內編制的人員勾選。根據《政府採購法》，遴
選名單須保密，若名單外流，可能產生限制競爭或其他不公平競爭的
情形。

　　回到嘉義縣，張瑛姬是張花冠的妹妹，依法律規定「三等親血親

關係不得於機關內任用」，張花冠只好派她妹妹至嘉義縣政府縣長室任私人秘書，成為非機關內編制人員。雖替張花冠處理事務，但因身為非編制內人員，理論上並無觀看縣府標案評選委員遴選名單及勾選評選委員之資格。張花冠因公務繁忙，將一些繁瑣的事務交給張瑛姬處理，並表示：「妳自己看著辦就好。」張瑛姬於是知悉評選委員遴選名單，本應保密的消息因而被洩漏。

● 回扣怎麼收？行情是多少？

張瑛姬利用張花冠公務繁忙時，有代張花冠處理事務的權力，取得代為核定標案評選委員的機會。她認為有機可趁，打算將評選委員遴選名單偷偷告知廠商，讓廠商掏錢換情報。於是張瑛姬聯繫 A 與 B 兩位有力人士至縣政府商談，請託二人尋覓願意支付回扣的廠商參加縣政府採購標案。當名單送至縣長室時，張瑛姬便到縣長室把應是祕密的評選委員遴選名單抽出來，指示公務員 C 聯絡 A 與 B，請他們向相熟的廠商表示可讓廠商決定標案的評選委員人選，但要給好處，讓廠商決定是否要跳進來。若廠商答應，就會將名單交予廠商，讓廠商選對自己有利的評選委員。待廠商挑選完，再由 A 或 B 將名單回覆予 C 並轉交張瑛姬，張瑛姬則依 C 的回覆核定評選委員。之後若廠商順利得標，A、B 會向廠商收取報酬交予 C，再轉交給張瑛姬。

● 洩漏秘密，難逃制裁

刑法第 132 條明訂「公務員洩漏或交付關於中華民國國防以外應秘密之文書、圖畫、消息或物品者，處三年以下有期徒刑。」張花冠因讓張瑛姬知道她不該知道的機密，加上其他弊案共被判 1 年 10 個月；張瑛姬則被判 3 年 4 個月，不得易科罰金；A、B、C 三人均被判 1 至 3 年不等，可易科罰金。有趣的是，A、B 與張瑛姬商談後，曾抱怨：「現在工作那麼難做，嘉義縣政府還要拿那麼多。」

沒人敢吃的
減肥藥

2007 年 8 月 3 日，新聞報導刑警在臺北一家工廠，
查獲一百多公斤違法摻有「瘦肉精」及「氯黴素」的飼料。

● 瘦得了豬，瘦不了你

　　2007 年，檢警查出一家貿易公司從中國進口違法的動物用藥物「瘦肉精」並販賣給飼料廠，而飼料廠將這些藥物調製成養殖飼料再賣給養殖戶。

　　「瘦肉精」是促使牲畜精瘦的興奮劑 —— 為「乙型受體素」的俗稱，牲畜如果吃進了含有「瘦肉精」的飼料，會強化脂肪的分解和蛋白質的合成，讓肉變得比較好吃。為了降低飼料成本，有些養殖戶會利用摻有「瘦肉精」的食物飼育牲畜，讓牲畜能提早進入市場，提高銷量。

「瘦肉精」的藥物種類很多，其中一種叫「萊克多巴胺」，本來是作為治療氣喘的藥物，後來也被用於牲畜飼料中，但人如果食用過量，會產生心跳加速、顫抖和頭暈等副作用，中國廣州就曾經發生食用豬內臟導致中毒的事件。

● 我們怎麼規範「瘦肉精」？

　　2006 年，考量到「瘦肉精」對人體的危害還不確定，農委會公告「乙型受體素」為動物用禁藥，依照當時的《動物用藥品管理法》，禁止「乙型受體素」的製造、調劑、輸入、輸出、販賣或陳列，如果違反規定進行製造，禁藥和製造器材都會被沒收，還可能面臨刑事責任。

　　至於是否開放進口含有「萊克多巴胺」的美國肉品，政府從 2007 年起就面臨美方和國內反彈的兩面壓力，曾經一度要開放又作罷。支持者強調有關的實驗結果都指出，只要含量在一定限制內，就不會造成人體危害，反對者則認為國內有吃動物內臟的飲食習慣，如果含有「萊克多巴胺」，人很容易吃超標。

　　2012 年，聯合國食品法典委員會（Codex）以 69 票對 67 票通過「萊克多巴胺」殘留容許量後，立法院修正《食品衛生管理法》。除了符合標準的肉品外，國內外的肉品都被要求「瘦肉精零檢出」，而衛生署比照 Codex 的標準開放「萊克多巴胺」含量在 0.01ppm 以下的牛肉，至於牛內臟、豬肉及豬內臟則維持不開放。

● 飲食節制，避免中毒

　　是否開放美國牛肉及豬肉的爭議之所以複雜，是因為各國研究「瘦肉精」對於人體的危害仍然沒有一致的結論，其中美國牛肉更是涉及「狂牛症」的問題。在國內仍未開放含有「萊克多巴胺」的美國豬肉進口的情況下，未來是否開放，恐怕又會引發一波爭論。

原來公務員
不是鐵飯碗？

2005

八月

4

為了你，
一直走在最前面

2005 年 8 月 4 日，
時任行政院長謝長廷宣布中華電信民營化。

● 電信誰掌權？

　　早期的電信服務是由交通部電信總局負責，政府開放電信產業後，
推動「電信自由化」政策，逐步讓電信事業由民間企業經營，而電信
總局的營運部門也在 1996 年獨立成為「中華電信股份有限公司」，初
期雖然是交通部百分之百持股的國營企業，但也朝著民營化前進。

　　2005 年 8 月 12 日，政府共賣出 17% 中華電信的股份，加上開放
給民眾購買的部分股份，政府對中華電信的持股降到 50% 以下，根
據《公營事業移轉民營條例》第 3 條，中華電信已經不是公營企業。
2012 年 1 月底，政府持股比例只剩 35%。

● 民營後，就不是公務員？

按法律規定，公營企業在民營後又繼續留用的人員，將會喪失原本公務員的身分，也就不能享原有待遇。員工們相當不服，於是提起行政訴訟，請求法院認定他們還是具有公務員的身分。不過，法院認為既然中華電信已經不是國營事業，所以原中華電信員工的身分性質，也從公務員變成一般「吃人頭路」的員工，因此判決員工敗訴。

訴訟一路輸，最後這群員工認為，《公營事業移轉民營條例》第8條第3項前段違憲。他們的理由在於，法律有規定，當公營事業變成民營事業的時候，留任員工喪失公務員身分，而且年資就此結算，這已經侵害了他們受憲法第18條保障服公職的權利，因而聲請釋憲。而釋憲的聲請人總共有13,564人，創下司法紀錄。

● 大法官：「合憲！」

2018年5月25日，司法院大法官作出釋字第764號解釋，確認相關法律合憲。

大法官認為，雖然憲法第18條保障人民有服公職的權利，而公營事業具有公務身分的員工，因為公營事業性質特殊，本來就不能保障他的鐵飯碗永不生鏽。此外，憲法第144條規定：「公用事業及其他有獨佔性之企業，以公營為原則，其經法律許可者，得由國民經營之。」既然憲法都開了公營事業轉民營的門，那麼公營事業的員工也不能期待他們不會「被民營」。大法官也提到，在有適當的配套過度法律規範的前提下，國家還是可以限制服公職相關的權利。

也因此，在中華電信轉型的過程中，有配套的法律規範，保障原本中華電信員工的權益，所以《公營事業移轉民營條例》第8條第3項前段並未違反憲法。

愛護兒子，導致我沒法當法官

拜託不要來上班，
最高法院法官
關說小兒肇逃案

2011 年 8 月 5 日，最高院法官蕭仰歸被休職半年後復職，
但是司法院秘書長卻希望他能愛護司法界聲譽，知所進退。

● 地方法院關說，失敗！

　　2008 年，蕭仰歸的兒子犯下肇事逃逸罪被檢察官起訴，當時他正在準備司法官考試，本來應該在書本上學習的刑事訴訟法，突然變成用被告的身分親自體驗一輪。但是這個汙點恐怕不利於司法官考試的準備，而蕭仰歸也怕兒子因為這個紀錄影響考試，因此，在一審的時候找了當時審理這個案子的法官 C 關說。法官 C 也很有骨氣，回了一句：「這個案子司法界自有公評，這樣講沒有用。」讓蕭仰歸碰了一鼻子灰。

　　後來，一審判他兒子有期徒刑 6 月，緩刑 2 年。

● 高等法院判決結果

案子進入二審，受命法官高玉舜認為案子罪證確鑿，應維持一審的有罪判決。但審判長高明哲不同意此意見，兩個法官僵持不下，分別寫一份有罪和無罪的判決書。最後兩份判決書到了陪席法官林洲富手上的時候，他在無罪的那份判決書上簽名，這個案子因而翻盤。

高玉舜法官當然很生氣，堅持要將維持有罪判決的理由一起放進判決書，作為「不同意見書」。二審判決無罪以後，檢察官也沒有上訴，全案因此無罪定讞。

● 東窗事發後

事情被某個法官在法官內部論壇中爆料後，高等法院召開自律委員會檢討高明哲和林洲富兩位決定無罪的法官，決議認為林洲富法官是基於審判獨立做出無罪決定，但高明哲法官並非如此，因而將他移送監察院。隔一條街的最高法院也認為蕭仰歸法官行為不當，移送監察院彈劾。最後監察院通過彈劾，將兩位法官移送公務員懲戒委員會，結果決議蕭仰歸休職 6 個月，高明哲降兩級。

2010 年，檢察官認為相關人員可能涉犯《刑法》第 124 條「枉法裁判罪」，但臺北地檢署調查後，認為無罪判決是合議庭的自由心證，不能因為不同見解就認定成立枉法裁判罪，所以全案簽結。

先前肇事逃逸罪的案子，檢察總長認為應判有罪而提起非常上訴，但是最高法院認為不符合非常上訴的要件，因此駁回。

半年後，蕭仰歸復職再度引發爭議，當時司法院秘書長林錦芳表示，法律上司法院能讓他復職，但司法院認為他並不適任法官，希望其知所進退，而他也在幾天後請辭退休。

風災需要你撤退，
你要乖乖聽話

2001

八月

6

我國救災史上
第一道強制撤離令
在南投

2001 年 8 月 6 日，
因應桃芝颱風造成的災情，
救災指揮中心對南投竹山大鞍里的 46 人，
發布臺灣救災史上第一道撤離令後，
運用空警隊及陸軍直升機運送眾人至安全地帶。

● 臺灣史上第一道強制撤離令

　　2001 年 7 月底，桃芝颱風重創花蓮、南投、臺中、嘉義、高雄山區。而南投縣的竹山鎮，由於 1999 年「九二一大地震」造成地質不穩，再加上颱風影響下，成為土石流災區，對外交通中斷，民生物資必須靠直升機運送。然而，桃芝才剛走，又有颱風可能要侵臺，政府擔心災情擴大，於是下令竹山鎮大鞍里居民強制撤離。

● 真的可以說走就走？

根據 2000 年《災害防救法》第 24 條規定,「災害發生或有發生之虞時, 為保護人民生命、財產安全或防止災害擴大, 直轄市、縣(市)政府、鄉(鎮、市、區)公所應勸告或指示撤離, 並作適當之安置。」 2008 年更進一步把「指示撤離」修正為「強制撤離」。法條這樣規定, 表示政府因應災害, 為了保護人民生命、財產安全和防止災害擴大, 有義務勸告或強制撤離居民。

所以, 在災害發生的時候 (或是事前預防), 法條規定的政府機關, 就要基於專業判斷決定要不要「強制撤離」。但如果政府擺爛「該撤不撤」, 讓天災變成人禍, 這個「什麼都沒做」就是違法, 因而受損的人民可以請求國家賠償。

● 小林村國賠案

2008 年, 莫拉克颱風造成高雄縣甲仙鄉小林村 (現在的高雄市甲仙區小林里) 發生山崩, 造成近 400 人死亡的慘劇。但是, 當時中央災害應變中心已經下達撤離的命令, 但高雄縣政府將撤離的指令傳達到甲仙鄉公所後, 公所卻沒有進一步的作為。縣府眼看颱風就要來襲, 直接聯繫小林村村長, 請他們趁著白天視線良好的時候儘速撤離, 但村長卻以「持續注意雨勢」拒絕撤離, 就此釀成悲劇。

災後, 罹難者家屬向高雄市政府以及甲仙區公所要求賠償遭拒, 因而提起國家賠償訴訟。不幸的是, 最高法院認為除位於「土石流潛勢區」15 戶災民應撤離而撤離外, 其餘村民即使接獲村長通知, 也只是撤離到同樣在災害範圍內的小林國小, 災害發生仍無可避免。

因此認為僅允許潛勢區的 15 戶災民得受國家賠償, 其他部分駁回上訴確定。

愛滋病患，
不能當鄰居？

2007

八月

7

首例法院判決
愛滋病患遷離社區，
反敗為勝！

2007 年 8 月 7 日，
法院一審判決收容愛滋病患的關愛之家必須搬離再興社區，
然而，二審法官認為愛滋病患也有居住自由，判決勝訴。

● 被法律拒於門外

　　2005 年，專門收容愛滋病患及愛滋寶寶的臺灣關愛之家協會，
在再興社區租了一間房子。但是再興社區卻表示，關愛之家的遷入違
反新修正規約：「住戶不得將社區提供收容或安置法定傳染病患及精
神病患。」

　　一審判決再興社區勝訴，關愛之家必須遷離社區。關愛之家卻認
為，他們並未收到通知且未參與開會，因此不應受新修正的規約拘束，

且認為再興社區違反《公寓大廈管理條例》。社區規約限制不得安置愛滋病患，妨礙住戶的使用自由，因而提起上訴。

● 二審逆轉！

二審法院指出，2007 年 6 月通過的《人類免疫缺乏病毒傳染防治及感染者權益保障條例》第 4 條第 1 項規定：「感染者之人格與合法權益應受尊重及保障，不得予以歧視，拒絕其就學、就醫、就業、安養、居住或予其他不公平之待遇」，立法理由是為了保障感染者基本權益，條例也針對患者的行為制定罰則。

法院認為，愛滋病患的居住及安養權益應受保障，並強調愛滋病僅透過性行為、血液感染及母子垂直傳染，並不會經由飛沫傳染或未損傷的皮膚侵入人體。另外，愛滋病患在醫學昌明下已有效延長生命，社會應減少對愛滋病患的排擠與歧視。綜合以上，法院認為在《人類免疫缺乏病毒傳染防治及感染者權益保障條例》施行以後，社區不能再以規約驅逐關愛之家，更何況如果真的驅逐，反而會使得收容病患流離失所，造成安養、居住權益的侵害，更是對病患的歧視。

因此，法院判決認為再興社區敗訴，新規約明顯違反公序良俗，不得以此要求關愛之家遷離。

● 愛滋是醫療問題，更是人權問題

「社會最不缺少的就是歧視」便是這個案子所暴露的問題。存在對性別、種族、或某群體的「不理解」，法律的解釋及適用，法官賦予誰權利、要求誰承擔義務，往往有自身的價值判斷及理念，因此很可能因為一個見解，維持了部分居民的安心，卻關上愛滋病患回家的門，也關上讓大眾理解並減少歧視他們的機會。

我考試，
我作弊

1998

八月

9

警察特考
試題外洩

1998年8月9日，警察三等特考發生試題外洩。

● 臨時抱佛腳，連抄都懶

　　1998年警察三等特考的第二天，桃園地檢署接獲檢舉，內政部入出境管理局警衛分隊辦公室有發生考生集體作弊的嫌疑，檢察官前往搜索並當場查扣幾份資料，發現其中兩份資料記載的部分考題，竟然跟當天特考「警察實務科」保安部分的考題一模一樣，命中率高達94％。

　　檢警在詢問相關人員後發現，負責擬定「警察實務科」題目的命題委員，因為聽說自己的學生A去年特考落榜，於是將自己命題的草稿交給A，並聲稱是「考古題」，還交代他不准影印，要自己手抄出複本，

A 看到題目多達 57 題便作罷,在一旁的朋友 B 則自告奮勇替 A 抄寫再將複本交給他。

然而,由於 A 還是沒念書,只在特考第一天考了兩科,包含「警察實務科」在內的其他科目全部缺考。儘管如此,他卻在考前把自己的手抄複本拿去影印,再把影本分送給其他的考生,而這些考生利用這些題目影本,答對了大部分的題目。

● **國家考試作弊,差點進牢實習?**

不論是不是考生,依照《刑法》規定,如果在依據《考試法》舉行的考試中,利用欺騙、隱瞞或是其他法律不允許的方式去影響考試的結果,就會面臨一年以下有期徒刑、拘役或 9,000 元以下罰金的刑責,即使是作弊不成被抓到也一樣。

要強調的是,依照作弊方式的不同,還是有可能觸犯其他的《刑法》條文,例如偽造准考證可能觸犯「偽造文書印文罪」、用電腦竄改成績可能觸犯「妨害電腦使用罪」等。

● **苦海無涯**

雖然高等法院最後決定給予 A、B 及命題委員緩刑,但即使暫時逃過了刑罰制裁,依照《典試法》及《試場規則》,作弊還是可能會面臨「扣分」、「扣考」或「不予計分」的處分。

其實不只 1998 年的「警察三等特考」,2009 年的「警察四等特考」也發生洩題及集體作弊的爭議,2014 年又發生「警察三等特考」、「水上警察人員類別」考試洩題,甚至因此重新考試,《典試法》也做了大幅度的修正。

想必如今依然有許多考生在苦海裡掙扎,祝一切順利!

為什麼
中國人都想
劫機來臺灣？

1993

八月

10

中國民航機，
師月坡劫機來臺灣

1993 年 8 月 10 日，
本來從中國飛往雅加達的民航機，
被中國人師月坡劫機並要求飛往臺灣，
師月坡被帶下飛機後，檢察官隨即展開偵訊並收押禁見。

● 臺灣是中國的劫機犯天堂

　　師月坡帶著有硝酸、鹽酸的密碼箱，躲過北京國際機場的安檢，
登上一架本來要從北京經過廈門飛往雅加達的飛機，飛行一小時後，
師月坡突然舉著強酸，要求飛往臺灣，為了安全考量，飛機最後被迫
降落於桃園機場。

　　1990 年代爆發多起劫機潮，光是 1993 年，中國就發生 10 起飛

往臺灣的劫機事件。然而，劫機是違反《民用航空法》的重大犯罪行為。即便如此，這些中國劫機犯認為，先前飛往臺灣的劫機犯雖然被判刑，後來都可以減刑、釋放並定居臺灣，因此仍前仆後繼地劫機前來臺灣。

這些劫機犯的目的，都是嚮往臺灣的民主與自由。但本案卻是例外，檢察官調查師月坡的劫機動機、劫機過程以及鹽酸的來源後發現，雖然師月坡一再表示自己是出於政治因素，中國共產黨一黨專政，是促使他劫機的主要理由，但實際上是為了逃避在中國的債務。

● 遣返？不遣返？

在這之前，臺灣與中國之間對於非法入境的問題只有 1990 年針對海上偷渡客的《金門協議》，但這並不能解決劫機的問題。後來，臺灣海基會與中國海協會協商出《兩岸劫機犯等遣返事宜協議》，也就是依照「共識」原則專案遣返劫機犯，如「劫機犯是刑事犯，一方航空器被劫持到另外一方時，另一方應將案犯移送給民航客機所屬方來處理」，以及證物移交和遣返方式等共識。像是在 1997 年臺灣劫機犯劉善忠，就是依照共識原則專案遣返臺灣處罰。

臺灣也在 1999 年開始遣返九名中國劫機犯，而師月坡、楊明德、林文強、王志華 4 人再度共謀劫機，楊明德以刀片挾持海基會秘書長詹志宏，但是並未得逞。最後被臺灣高等法院以違反民用航空法、妨害公務等罪，判處楊明德、林文強、王志華等三人有期徒刑 4 年，師月坡則被判無罪，2001 年被遣返回中國。而王志華直到 2008 年才被遣返。

但是在此之後中國片面中斷《兩岸劫機犯等遣返事宜協議》的協商工作，所以在未能簽署生效前，仍僅能依個案處理。

鎖鏈把你綁住，
因為你是精神病

2000

八月

11

臺灣精神病患的
代名詞：龍發堂

2000 年 8 月 11 日，高雄縣政府派數百名醫師進入
「龍發堂」診斷，為這座「治療精神疾病」30 餘年的「佛堂」，
跨出了合法化的第一步。
然而，龍發堂在 2018 年因為堂內傳染病集體感染事件，
遭政府解散後，便從未合法過。

● 再吵就把你送到「龍發堂」！

　　龍發堂創辦人為李焜泰（法名釋開豐），40 歲時突然佛性頓開，在
自己家鄉的農地上開始修行佛法。他某位朋友的小孩有精神疾病，連
大小便都無法自理，釋開豐用草繩將他與小孩綁在一起並且開示，教
導勞動工作，一段時間後小孩竟變得非常配合。如此神蹟經口耳相傳，
愈來愈多人將有精神疾病的家人送來釋開豐開設的「龍發堂」，草繩

也變成叫做「感情鍊」的鐵鍊，大家繫在一起共同生活，許多精神病患開始有自理能力。

● 不是「醫療機構」的醫療機構，怎麼辦？

　　龍發堂濃厚的宗教色彩（如付出「功德金」換取龍發堂終身照顧），以及非治療精神疾病的醫療院所，讓龍發堂一直存在爭議。若家屬中途要帶走患者，堂方也會拒絕。礙於當時臺灣精神醫療設施缺乏，再加上龍發堂的「治療效果」，仍有許多人將罹患精神疾病的家人送到那裡。

　　1982 年的高雄醫學院文榮光醫師曾深入研究龍發堂，發現龍發堂雖不是醫療機構，也不能完全發揮醫療功能，但環境還可以，且龍發堂教導堂眾手工藝，也類似現代醫學中的「職能治療」。1980 年代末，政府開始重視治療精神疾病，著手擬定《精神衛生法》時卻遭釋開豐反對。他認為如果該法通過，對龍發堂的病患無疑是宣判死刑。

● 跨出合法第一步，但終究失敗

　　《精神衛生法》的立法，龍發堂也面臨合法化問題。1990 年《精神衛生法》三讀通過，釋開豐為抵制，揚言「解散龍發堂」，讓政府自己解決堂眾安置問題，導致政府一直不敢處理龍發堂問題。2000 年 8 月 11 日，高雄縣政府為輔導龍發堂合法化，由專業精神科醫師為全院 700 多位精神病患進行 11 天的健康檢查和精神鑑定，但之後因土地問題，且龍發堂也未積極配合高雄縣政府及後來的高雄市政府的輔導政策，合法化問題也不了了之。

　　2017 年爆發阿米巴痢疾合併肺結核群聚感染後，高雄市政府衛生局依不同嚴重程度，移轉病患到不同的醫療機構。2018 年 1 月，龍發堂被暫停精神障礙者照護業務。

罵總統,
會被關?

2001

八月

13

老兵獲得千萬國賠

2001年8月13日,
新聞報導一名丁姓老兵因為罵蔣中正入獄,
國家賠償他12,260,000元。

● 故事是怎麼發展的?

　　查詢政治受難者張茂雄整理的資料庫「臺灣浩劫」,可以找到一名丁姓老兵被交付感化教育的資料,理由是他說了「今日世界只有強權,沒有真理,臺灣黑暗到極點,什麼法律、官吏,有錢就有勢,連××就是流氓出身,都是殘無人道的敗類。」這裡的××,參考新聞報導,指的應該是蔣公。而他犯了什麼罪,因為找不到那麼早的判決書,只能從其他管道推測。

　　當時新聞報導丁姓老兵犯了叛亂罪,也有新聞說桃園地方法院用

《戒嚴時期人民受損權利回復條例》賠償。適用這個條例得到賠償的人，是在戒嚴時期犯了「內亂罪、外患罪或戡亂時期檢肅匪諜條例」等罪，所以丁姓老兵可能是犯內亂外患罪或散布不實謠言。丁姓老兵當時被判處感化教育三年，但因上級認為他「思想仍未改正，須發交勞動場所」又被送到綠島、小琉球等地受訓，老兵被非法執行了 2,615 日，最後國家賠償 12,260,000 元。

● 昔日惡法可能重來嗎？

丁姓老兵後來接受新聞訪問，表示他仍喜歡評論時政，現在自由多了。錢事小，但他終於擺脫「政治犯」的標籤。過往臺灣社會籠罩高壓氣氛，有《動員戡亂時期臨時條款》、《懲治叛亂條例》等惡法箝制人民自由，重點不是你犯了什麼法，是政府可以認定什麼是違法，且還可能不依法律處罰。在維持社會秩序、避免共產勢力滲透等理由，無法預測的法律在在侵害言論自由等相關的基本權利。

現在，只要不涉及刑事法律，丁姓老兵與我們一樣，都可以自由批評時政、評論政治人物，不必擔心被國家處罰。

● 然而，誤解卻永遠停不下來？

言論自由並非無限上綱，還是有一些適當的限制。例如刑法裡面的「誹謗罪」、「公然侮辱罪」以及「假新聞」相關管制，都是對言論自由的限制。但這樣的限制，是否就是「打壓」言論自由？或許不應該如此跳躍，而該思考這樣的限制是否「合理」？背後所要帶來的公共利益究竟是什麼？相較過去因「思想」及「言論」就會入罪的環境已經遠離，但因應新的問題，會有新的管制型態，要如何在不審查言論的前提下，因應愈來愈複雜的社會，守住我們引以為傲的言論自由，是一件不容易的事，也是必須不斷思考的課題。

反攻大陸？
國民政府騙我

1990

八月

15

老兵集會遊行，
對戰士授田證
補償金不滿

1990年8月15日，
300多名老兵在中正紀念堂集會，
表達對「戰士授田證補償金」不滿。

● 什麼是「戰士授田證」？

　　中華民國政府遷臺後，在1951年制定《反共抗俄戰士授田條例》，
明定服役滿2年的士兵或遺眷可以得到「戰士授田憑證」，等到「光
復大陸」成功之後，就可以拿著這張憑證領取一定面積的田地，目的
在於提振軍心，讓這些士兵們懷抱著「反攻大陸」成功後，就有每年
出產淨稻穀二千市斤田地的理想。

　　政府也依照《反共抗俄戰士授田條例》，總共發出約70萬張憑證。
但隨著時間過去，眼看「反攻大陸」遙遙無期，這些「戰士」也逐漸

老去，有大批老兵要求政府補償，於是集結在中正紀念堂前抗議。為了解決授田證的問題。於是在 1990 年，政府公布施行《戰士授田憑據處理條例》，退伍軍官可以拿著憑證，換取 5 萬到 10 萬的補償金，依每等級加 5 萬的津貼。

根據《戰士授田憑據處理條例》第 2 條規定，老兵如果沒有在 1997 年 12 月 31 日前申請登記請領補償金，則戰士授田會視同作廢。如果老兵在申請登記前死亡，家屬也可以申請登記，但必須在一定的期限完成登記。

國防部為了處理過去國民黨政府穩定軍心用的戰士授田證，發放補償金，卻引起納稅人的不滿。2013 年，監察院更以國防部違法核發 1 億 6 千萬元給死亡老兵的中國籍親屬為由，提出糾正。監察院調查發現，國防部替未於期限內請領補償金的老兵，代為申請登記，以致那些老兵居住在中國的親屬，領走 1 億 6 千多萬，國防部形同違法核發補償金，因此提出糾正，並警告國防部，再發授田證就要彈劾。

● 授田之夢不復存在

2016 年，民進黨在立法院提案廢止《戰士授田憑據處理條例》，全案在 2019 年立法院三讀廢止，國防部也表示，2014 年之後再也沒編列過相關預算，考量行政院、立法院、監察院都認為《戰士授田憑據處理條例》沒有施行的必要，所以廢止條例不會造成國防部任何施政窒礙。

當「反攻大陸」已成為歷史名詞時，老兵們懷抱著當地主、當縣長、當鄉長的夢，也隨著歷史隨風而去。

打了 10 年，
也結束不了
的官司

1997

八月

17

汐止林肯大郡崩塌

1997 年 8 月 17 日，溫妮颱風帶來的豪雨，
使得隔天汐止林肯大郡社區擋土牆崩塌，
土石流沖毀建築，造成 28 人死亡。

● 一場颱風，我家毀了

　　1993 年，林肯建設在汐止推出「林肯大郡」複合式社區，社區
內總共分成七個區域，約 1,450 戶。為了與山爭地，甚至將山坡挖掉，
增加建築基地的面積。問題是，社區座落的山坡地，剛好是「順向坡」，
而且很大一部分的坡腳被挖掉，增加了地質的不穩定因子。於是在
1997 年，強颱溫妮帶來的豪雨，沖垮邊坡的擋土牆，帶來的土石流沖
毀林肯大郡的「金龍特區」，造成 28 人死亡。

● 官商勾結誰負責？

之後，士林地檢署調查發現，林肯建設偽造地質鑽探報告，臺北縣政府竟還批准這份有問題的報告，因此起訴林肯建設負責人李宗賢偽造文書與業務過失致死，並起訴當時臺北縣政府工務局及農業局等14 名官員圖利等罪。

1998 年，士林地方法院一審判決林肯建設負責人李宗賢犯「與公務員共同圖利」、「業務過失致死」、「偽造文書」等罪，處有期徒刑10 年 6 個月，其他涉案的公務員分別判處有期徒刑 2 至 9 年。上訴二審以後，由於 1999 年最高法院變更對「共同圖利」的見解，因此臺灣高等法院二審判決李宗賢圖利的部分不成立，然後追加一條業務登載不實罪，處有期徒刑 4 年 5 個月。2005 年高等法院更三審判決李宗賢犯業務過失致死罪，處有期徒刑 1 年，2009 年最高法院駁回上訴，全案定讞。

其他被告纏訟多年，圖利罪的部分，2010 年、2011 年更四、更五審，高等法院認為不存在圖利罪的問題，因此判決這部分無罪，最後在 2011 年最高法院駁回上訴，全案共纏訟 14 年，終於判決確定。

● 這樣國家會賠嗎？

國家賠償的部分，起初，部分受災戶向當時的臺北縣政府請求賠償約 9,000 萬元遭拒，因此提出國賠訴訟。2003 年，板橋地方法院判決（現在的新北地方法院）臺北縣政府應賠償受災戶約 5,700 萬元。

2009 年，臺北縣政府頒布《臺北縣政府林肯大郡溫妮颱風災變受災戶補償要點》，編列 1 億多的賠償金，賠償所有受災戶。

ECFA，
服貿的源頭

2010

八月

18

立法院表決
通過 ECFA

2010 年 8 月 18 日，
立法院表決通過簡稱「ECFA」的
《海峽兩岸經濟合作架構協議》。

● **什麼是《海峽兩岸經濟合作架構協議》？**

　　2008 年總統大選，國民黨籍候選人馬英九在政策裡提出，當選
後將於中國簽訂經貿協定。勝選後，馬英九政府也隨即展開與中國一
系列談判。

　　代表臺灣的海基會與代表中國的海協會在歷經一系列協商談判之
後，2010 年，雙方在中國重慶市簽署簡稱「ECFA」的《海峽兩岸經濟
合作架構協議》，這是臺灣與中國之間的雙邊經濟協議，而之後馬英

九政府也在 ECFA 的架構下，與中國進行後續的貨品貿易、服務貿易、投資保障及爭端解決協議協商。

　　ECFA 是依世界貿易組織（WTO）的基本原則，為了減少或排除雙方貿易和投資的障礙簽訂的協議。有人認為，ECFA 是 WTO 之下的自由貿易協定（FTA），臺灣雖然在加入 WTO 後，已經開放一部分服務市場、降低貨品關稅，但是開放程度、貨品出口量仍然不夠，因此政府需要找其他國家締結自由貿易協定（FTA）或是區域貿易協定（RTA），協議出更優惠的貿易待遇。

　　ECFA 的簽定，符合《關稅暨貿易總協定》(GATT)，與規範服貿的《服務貿易總協定》(GATS)。簡單來說，就是 WTO 會員國進行貿易行為的遊戲規則。但是 GATT 第 24 條、GATS 第 5 條的規定，允許會員國在簽訂 FTA 之後，不用遵守 WTO 最惠國待遇原則，也就是不用將 FTA 的優惠給締約國以外的其他 WTO 會員國。

● 服務貿易協議，是 ECFA 談判的產物

　　而 ECFA 與 WTO 性質上一樣是一個框架式協議，提供一個進行實質協商的平台。後續更細節的權利義務內容，再透過貨品貿易協議、服務貿易協議，或是爭端解決協議等方式來協商，像是「318 學運」中爭議的服務貿易，也就是在 ECFA 衍生出來的協議。

　　開放自由貿易，立意上對於商業活動或者消費者當然是有利的，但是開放的程度如何，必然會影響一國的市場和生產者。因此，審慎評估開放項目及範圍，就是政府的責任。

關說，
就靠我了

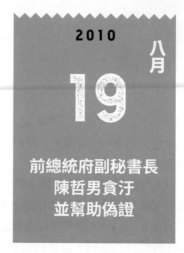

2010

八月

19

前總統府副秘書長
陳哲男貪汙
並幫助偽證

2010 年 8 月 19 日，檢察官起訴前總統府副秘書長陳哲男
與前臺灣高等法院庭長李文成，認為他們有意誤導檢方辦案，
「教唆」或「幫助」陳哲男貪汙案中的證人作出「偽證」。

● 謊言，只會引來更多謊言

　　某公司的前董事長 A 涉入某宗刑事案件，為免牢獄之災，透過朋
友介紹認識時任總統府副秘書長陳哲男，並多次給他數額龐大支票。
陳哲男收了錢，也同意協助 A 擺平官司。沒想到 A 在隔年仍然被判有
罪確定而逃到中國。不滿的 A 透過媒體指控陳哲男跟他拿了超過 600
萬元，卻未完成約定。陳哲男雖公開否認，私底下卻找商界朋友 B 和
C 討論，決定對外稱這些支票是 A 要還 B 的錢，跟他無關。之後陳哲

男找上臺灣高等法院庭長李文成，並介紹給 B，李文成在得知來龍去脈後，認為檢調很難查出來，向陳哲男說只要 B 肯幫忙，就會沒事。同年，B 照上述說法告訴檢察官，讓檢察官認為陳哲男沒有犯罪嫌疑。2006 年，A 再次指控陳哲男關說。檢察官重啟偵查後，再次找 B 作證。B 再次告訴檢察官支票是 A 要還他的錢，檢察官認為 B 先前證詞與事證不符，以「貪汙」及「偽證罪」等罪嫌起訴陳哲男和 B。2010 年，又涉犯「教唆偽證」和「幫助偽證」起訴陳哲男和李文成。

若證人在作證時，經「具結」後還「豪洨」，會成立偽證罪。「具結」是證人在作證前必須擔保自己不會說謊程序，若未「具結」，證人即使說謊也不會成立偽證罪。B 雖兩度以「證人」的身分對檢察官說謊且「具結」，法院在後來的判決中，卻認為 B 只在「第一次說謊」時構成「偽證罪」。

● 證人可以「拒絕作證」！證人，不是減輕國家責任的工具

《刑事訴訟法》規定，證人若害怕自己的證詞會導致「自己」或「跟自己有一定關係的人」被刑事追訴或處罰，可拒絕作證。檢察官或法官須在證人作證前，告訴證人有權利拒絕，在刑事訴訟法稱「拒絕證言權」。因此法院認為檢察官第二次找 B 作證時，就已察覺 B 之前可能說謊。B 若在第二次作證時對檢察官據實以告，可能會被以「偽證罪」追訴。檢察官當時卻未跟 B 說他有「拒絕證言權」，還讓 B 具結，因此這個「具結」不合法，因此 B 雖然繼續「豪洨」，但沒有成立偽證罪。

在「無罪推定」下證明被告有罪是檢察官的責任。如檢察官故意用「證人」傳喚嫌犯，讓他「被據實以報」之後再把他改成被告，會讓證人陷入「偽證罪」和「東窗事發」的兩難。「拒絕證言權」的設計，及檢察官和法官對證人有告知義務，正好緩和了這個衝突，不讓法律成為「道德綁架」的工具。

臺灣韓國，
以後別做朋友？

1992
八月
20

臺韓斷交，
民眾赴韓使館抗議

1992 年 8 月 20 日，
因為韓國即將與中（華民）國斷交，
民眾聚集在韓國大使館前，焚燒韓國國旗抗議。

● 怎麼斷交的？

　　1992 年 8 月 19 日，時任外交部部長錢復宣布，「中共與韓國即將建交」，並批評韓國背信忘義。消息一出，隔天就有許多民眾前往韓國大使館焚燒國旗，並準備蛋洗大使館，最後在遞交抗議書後離去。當時社會開始許多人不滿韓國，陸續出現反韓風潮。

　　1949 年，韓國建國後，與中華民國近似「兄弟之邦」，像是二次大戰期間，中華民國政府協助韓國獨立運動；在韓國建國時，也是第

一個建交的國家。然而，早在 1980 年代，隨著國際局勢變化，韓國從朴正熙政府開始，對朝鮮及其他共產國家的政策出現改變。韓方開始與北京接觸，相對的，與臺北的關係也因此產生動搖。

1988 年盧泰愚政府上台時即宣示，韓國政府將進一步發展社會主義陣營國家接觸的「北方外交」，之後也與蘇聯和許多東歐國家建交。1992 年，北京與漢城也開始密切接觸，雙方開始進行建交談判。終於在同年 8 月，韓國政府公布，即將與中華人民共和國建交。同一時間，中華民國政府宣布與韓國斷交、並展開對韓國的全面性報復。

● 一個中國原則

在斷交後，韓國極為迅速地要求中華民國駐韓大使館的人員撤離，並把大使館轉交給中華人民共和國，這些事蹟在當時許多人心中對韓國留下壞印象，也有人評論這個無情的斷交事件，造成往後不少臺灣人民對韓國人的不滿。

韓國除了這個「忘恩負義」的形象外，也有人指出，漢城與北京接觸早就有跡可循，反而當時的駐韓大使館根本無心於外交事務，事後只會煽動反韓情緒也是非常失職。

回顧中華民國的外交狀況，最讓人印象深刻的就是一長串的斷交名單。而導致我們不斷喪失邦交的重要原因，就是「一個中國」原則。所謂的「一個中國」原則，涉及到國際法上「政府承認」議題，是指世界上只會有一個中國，「中華民國」與「中華人民共和國」兩個「中國」不會並存或同時存在於國際社會，導致多數國家若打算與中華人民共和國建交，就無法與中華民國維持邦交關係。

這也是為什麼會有人主張「正名制憲」的原因之一，因為在一中原則下，「中華民國」或許是我們走向國際最大的阻礙。但也有人認為，應該要讓中華民國挺身而出，捍衛這個正統。

「一灘血」惹訴訟，賠償百萬

八月

22

慈濟名譽保衛戰

2004 年 8 月 22 日，慈濟起源故事「一灘血」民事訴訟宣判，證嚴法師須賠償原告 101 萬元。

● 「一灘血」事件的由來

　　1960 年代，花蓮有一名婦人李滿妹，在花蓮的某間診所看到有位原住民背著一名婦女來求醫，他們說那位婦女難產已久，所以便背他來診所生產。後來他們沒有開刀就離去，因為要付醫療費用 8,000 元，但他們沒有錢。

　　之後，證嚴法師到醫院探望信徒時，看到地上有一灘血，經過婦人李滿妹轉述，得知事件發展，並決定改善東部地區醫療資源，因此創建慈濟功德會。

● 證嚴法師竟被告毀謗？

　　這個事件在證嚴法師的許多著作中都有提到，但在故事中，並沒有提到診所名稱、醫師及婦女名字等詳細資料，甚至在地名上也多有出入，也就是並沒有具體說明事件資訊。

　　但在慈濟創辦 35 週年慶時，李滿妹出面見證此事，並於記者會會後經記者私下詢問，說出「莊醫師」三字。

　　正好民國五十幾年時，在花蓮縣執業的醫生只有三個，也只有一位姓莊。記者會會後那位莊醫師的家屬看到聯合報的報導有提及莊醫師，認為李滿妹與證嚴法師就是在說他們。且他們認為在證嚴法師的著作中，意指莊醫師為了 8,000 元保證金，因而冷酷地見死不救，所以決定告李滿妹與證嚴法師誹謗。

● 刑事沒事，民事有事？

　　這兩個訴訟有不同的結局。

　　刑事誹謗罪被法院宣判「無罪」，但民事訴訟中證嚴法師卻須賠償原告 101 萬元。

　　在刑事訴訟中，李滿妹雖然知道兩間診所中只有一位姓莊，但她並非有意透露醫師姓名。同時也因事發已久，所以法院認為李滿妹並

無誹謗意圖。至於證嚴法師，他也未在著作中指名道姓，或指示李滿妹透露醫師姓名，因此也並不構成誹謗罪。

然而，在民事訴訟中，法院認為當時的確有「一灘血」這個事件，也就是真的有婦女被送到醫院，卻因為沒有錢付擔醫療費而離去。而李滿妹當時轉述給證嚴法師時，只提及 8,000 元，並未說是保證金。法院認為這部分是事實轉述，並沒有故意或者過失的侵權。

談到證嚴法師的部分，法院認為，證嚴法師不確定這 8,000 元是醫療費或保證金，也不認為這兩者是重要的差異，卻仍說出「莊醫師是因為 8,000 元保證金而見死不救」。

當莊醫師家屬提出質疑時，證嚴法師明明可以做出適當的因應對策 —— 比如修改著作，但證嚴法師卻沒有考察是否有未注意到的相關細節，所以這個轉述失真事實的行為，因而造成莊醫師的名譽受損，證嚴法師應該負擔過失侵權的責任。

● 法院的極限

這個「一灘血」的訴訟，由於時間已經過去太久，又缺乏如錄音或影音資料等有力的證據，所以法院在訴訟中需要判斷許多證言是否有出入，進而判斷是否可信，這可想而知是件巨大的工程。

在這樣的過程中，也必然讓訴訟雙方產生「法官為什麼不相信我」

這種想法。但這確實是無可奈何的事情。在判決中，法官就明確地說明在民事訴訟中「最後的認定是證據所堆砌出來的相對真實，而無法是本然事實的絕對真實。」

　　法律再怎麼講求公平，仍然是由人在運作的系統，也必然不是全知全能。

　　我們都必須認知到這點，避免不當的期待侵蝕對體制的信心。

參考資料：
・臺灣花蓮地方法院 90 年自字第 30 號刑事判決
・臺灣花蓮地方法院 90 年訴字第 256 號民事判決

因為接受輸血，
得到愛滋

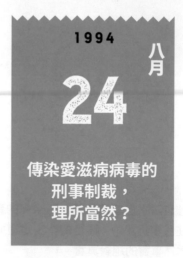

1994

八月

24

傳染愛滋病病毒的
刑事制裁，
理所當然？

1994 年 8 月 24 日，衛生署公布一則
因「愛滋病病毒」帶原者捐血而被感染的病例。

● 接受輸血有感染愛滋的可能性？

　　1994 年，衛生署接獲「臺灣血液基金會」臺中捐血中心通報，一名捐血者的血液被檢驗出「愛滋病病毒」（HIV）陽性反應，但這名捐血者的血液已經輸給幾名受血人，其中包含一名十歲兒童。

　　1984 年至 2013 年間，國內因接受輸血而感染 HIV 的案例多達 24 例。由於過去對於血液的檢驗採用「酵素免疫分析法」，然而這種方法有 6 至 12 週的空窗期，如果帶原者是在「空窗期」內被感染，捐出去的血就有可能檢驗不出有 HIV，也因此導致了許多因輸血而感

染愛滋病的案例發生。2009 年以後，捐血中心引進「多項病毒核酸篩檢法」，將「空窗期」降到 11 天，捐血站的工作人員會先過濾可能的帶原者，也會提供「良心回電」，讓認為自己有感染 HIV 的捐血人即時通報。2013 年以後，再也沒發生因輸血而感染愛滋的案例。

● 傳染愛滋病病毒，有刑責！

依照《人類免疫缺乏病毒傳染防治及感染者權益保障條例》，若知道自己感染 HIV 病毒，卻隱瞞並和他人發生「危險性行為」，或共用針具等「施打行為」，因而傳染給他人，將面臨 5 年以上 12 年以下有期徒刑，即使對方未被傳染也會被處罰。「危險性行為」指的是在沒有任何隔絕措施的情況下，直接接觸「器官黏膜」或「體液」，醫學評估可能會導致感染 HIV 的性行為。也因此若和別人發生性行為沒有使用保險套，知道自己染有 HIV 卻又隱瞞對方，就會面臨刑責。

● 真的保障到愛滋病感染者了嗎？

科技發展至今，「愛滋病」成了可控制的「慢性病」。感染者只要定時服藥，平均壽命其實和常人沒有差別。2008 年瑞士衛生局提出「U=U」，意思是「檢測不出病毒量」等同「不具傳染力」，也有研究指出這種情況的病人就算「不戴保險套」進行性行為也不會傳染給別人。即便如此，國內法院仍然認為即使感染者測不出病毒量，「傳染性極低」也不代表「沒有傳染性」，而在個案中依照《條例》，判決感染者有罪。如此罰則，是避免染感染 HIV 的人蓄意散播病毒，以保障大眾健康安全。然而撇除我們想像中惡意傳染的人，感染者之所以隱瞞病情，不正是因為來自社會的誤解與恐懼，讓他們可能連另外一半都不敢坦承嗎？

《條例》中也規定，愛滋病感染者的人格應受到尊重，不得歧視。但罰則本身是否已構成某種程度的歧視，也有人提出批評。

新生訓練，
26人被壓死

1983

八月

25

校園史上的大災難，
學生們
慘遭禮堂壓死

1983年8月25日，
各大新聞媒體大幅報導臺灣校園史上的最大的災難，
臺中的豐原高中禮堂本來正舉辦新生訓練，屋頂卻突然倒塌，
壓死了26名學生，並造成66人受傷。

● 從天而降的「殞」石

　　1983年8月24日下午，六百多位豐中的新生正在二樓禮堂新生訓練，突然左上方大水直落而下，天花板也開始紛紛掉落，左半邊屋頂轟然倒塌，許多學生連逃出的機會都沒有就被壓死了。因當時禮堂左邊坐女學生、男生坐右邊，傷亡者多半為女學生。鋼筋與水泥塊壓住眾多學生，普通千斤頂根本毫無作用，需用到工廠運來的50公噸千斤頂才能把人救出。面對突如其來的災害，不僅學生受到驚嚇，白髮人送黑髮人的場景更讓人悲痛不已。

臺灣法曆

● 誰壓死了學生？

這棟專科大樓由 A 設計與監造，B、C 施工興建。完工後因二樓禮堂屋頂漏水嚴重，委託 D 設計翻修屋頂工程，E 負責承作該禮堂整修工程。經檢方偵查及鑑定，B、C 未按圖施工且偷工減料，少了許多支柱，連支柱長度也不足，而澆置的混凝土又有問題，導致各支柱失去應有的強度及力量。A 在設計時竟算錯而未估計出正確的載重。在監工時也明知 B、C 偷工減料，卻僅告知改善沒有再次查驗確認。另外 A 也知道混凝土有問題，驗收時卻在監工人欄上蓋章通過，具有過失。禮堂依據 D 所繪製的設計圖做翻修工程，理論上變更設計要和原本的設計師 A 討論建築結構問題，但 D 卻沒有這樣做。D 發現 E 未按圖施工，也未要求改善，結果實際屋頂比原先設計圖少一個排水口，擋水牆也不是當初設計所要求的標準，導致屋頂積水的重量超過原先設計的存水量。屋頂承受不住積水的重量便崩塌了，十五、六歲前途無可限量的學生，成了豆腐工程的替死鬼。

● 再多的錢，喚不回年輕生命

法院考量死者原本前途無限光明，且就讀豐原高中，資質能力不低，成年後也應具有扶養父母之能力，判賠死者家屬扶養費、精神慰撫金及喪葬費各 100 萬元，傷者則各賠償 5 萬元。

豐原高中雖被發現未申請建造執照，但法院認為這只違反行政上的建築管理問題，無法認定造成倒塌情事有過失，且校方並非建築專家，無須為豆腐工程負民事責任。A、B、C、D、E 等人最後也被法院依貪汙、背信、過失致死等罪名判刑，只是再多的事後法律責任，也喚不回年輕人的生命。

睡在東區，
拜託不要停

1989

八月

27

無殼蝸牛運動
31 周年，
房價問題解決了嗎？

1989 年 8 月 27 日，
「無住屋者自救委員會」為了抗議高房價，
號召民眾發起無殼蝸牛運動。

● 無住屋者的辛酸淚

　　1980 年代，房價狂飆，當時臺北縣板橋市新埔國小教師李幸長與幾名同事希望社會關注房價問題，組成了「無住屋者自救委員會」，引起社會迴響，進而引發「無殼蝸牛運動」。但當時剛解嚴不久，整體社會對威權體制仍心有餘悸，不敢嘗試上街頭抗議。為使更多民眾參與並關注不合理的房價，1989 年 8 月 27 日，「無住屋者組織」在全臺房價最高的臺北忠孝東路上，發起「夜宿忠孝東路」活動。

考量到當時的社會風氣，組織將活動營造成嘉年華會的氛圍，希望以幽默、諷刺的手法，號召民眾上街聲援，要求合理房價與居住權，獲得上萬名「無殼蝸牛」響應。整體活動使「居住權益」第一次獲得主流媒體大篇幅報導，同時也讓政治人物與人民開始關注居住議題。

無殼蝸牛運動是臺灣有史以來第一個以都市改革為議題、解嚴後第一場公民自發性的社會運動，也創下當時臺灣史上最大規模的社運紀錄。

● 到底在爭取什麼？

無殼蝸牛運動所爭取的不外乎就是我們常在媒體版面上看到的「居住正義」。居住正義源於平等權思想而生，提倡人人應「住得有尊嚴」。簡單地說，就是讓人民在公平正義的原則下，能擁有自己的房子，也能「租得起」房子，抑或是居住品質合乎最低標準。

但在資本社會下所得分配不均，居住正義很難被落實，且社會上不時充斥著「富人住豪宅，窮人住陋室，甚或無家可歸」等現象。聯合國《經濟社會文化權利國際公約》也納入居住正義的精神，要求國家不僅應讓人民都有房子住，還必須讓人民都住得安心、自在，且居住權不被任何人所侵犯。

但居住權的定義還是十分模糊，在現實面也有落實的困難，因此在憲法上尚未明確被大法官承認。

● 買房子到底有多難？

根據統計，以臺北市來說，一般年輕人可能要不吃不喝近 20 年，才能在不貸款的情況下買房子。雖然無殼蝸牛運動及後續的住宅運動並未讓高房價就此下跌，但解決炒房及房價問題，仍成為臺灣目前社會一個待解決的困境。

臺灣歷史上
最可怕的殺人魔

為了保險金，
一直殺兒子

2003 年 8 月 29 日，陳瑞欽涉嫌殺害 2 任妻子、
1 位親生兒子、2 位養子、1 位女友，
被嘉義地檢署起訴，求處 5 個死刑；
在這之前，他已經因為涉嫌殺害陳姓女友，
被南投地檢署起訴，求處死刑。

● 為什麼他是最可怕的殺人魔？

　　1985 年，陳瑞欽的第一任妻子因為腦震盪住院，陳瑞欽趁著她
住院期間，把她從病床上拖下撞擊頭部致死，後來謊稱妻子「從病床
上跌倒」，並詐領保險金。半年後，與第二任妻子結婚，並收養第二
任妻子的兒子。1988 年，陳瑞欽以相同手法殺害養子；1995 年，他

再次以石頭重擊自己的親生兒子致死、1996 年也再殺害第二任妻子，三度殺人都取得鉅額的保險金，甚至還持續領取第二任妻子的遺屬撫卹金。

1997 年，陳瑞欽第三度結婚，之後又再次殺害第三任妻子的兒子。但是，保險公司認為陳瑞欽的親屬都死於「頭部外傷」，只理賠 25 萬。第三任妻子也懷疑兒子遭到謀殺，但找不到證據，只好和陳瑞欽離婚。

2000 年，數家保險公司向當時國民黨籍立委陳朝容陳情，認為陳瑞欽透過保險謀財害命。陳朝容也因此召開記者會，質疑陳瑞欽是否詐領鉅額保險金，甚至還直接到陳家門口質問，而陳瑞欽隔天也揚言對陳朝容提告。

2003 年，陳瑞欽與一名保險業務員交往，陳故態復萌，在出遊的路上，對女友下藥昏迷後強制性交，事後殺害女友並棄屍。然而，他也因為事後用死者的提款卡盜領未果、又用行動電話與他人聯繫被捕。陳瑞欽落網後，向警方坦承殺害兩任妻子及三個兒子，前後二十年的殺人案終於曝光。

● 總共幾個死刑？

2004 年，嘉義地方法院判決陳瑞欽成立五個死刑、一個無期徒刑，纏訟多年後，臺灣高等法院更五審認為，由於兩任妻子及三個兒子的命案符合《刑法》自首減刑的條件，因此判決成立五個殺人罪，合併處有期徒刑 20 年。然而，強制性交並殺害陳姓女友的部分，成立強制性交殺人罪，處以死刑。不過，根據《刑法》規定，同時被判處死刑和有期徒刑時，只執行死刑。最後，陳瑞欽被判處死刑定讞。

2013 年，法務部長曾勇夫簽署陳瑞欽的死刑執行令，陳在臺中監獄被執行死刑，終年 62 歲。

2001

八月

31

究竟何謂假釋制度？

受刑人可不可以提早出獄？

2001 年 8 月 31 日,「華岡之狼」楊文雄雖然考上臺大社會系,但法務部正式駁回假釋聲請,所以無法就讀。

● 華岡之狼

　　1992 年,楊文雄在陽明大學、文化大學和淡江大學等地,鎖定女大生,接連犯下強盜、竊盜、強制性交、強制猥褻等罪,受害者多達 32 人。而因為文化大學別稱「華岡」,所以又被稱為「華岡之狼」。

　　士林地方法院以楊文雄犯下 25 起性侵案件為由,判處有期徒刑 16 年。楊文雄入獄服刑後,在獄中自學苦讀,後來成功考上臺灣大學社會學系,但法務部不願讓他假釋出獄,最後被迫放棄入學。直到 2008 年,他才得到法務部核准假釋。

● 什麼是「假釋」？

假釋制度的主要目的在於使受刑人「改過向善」，及早回歸社會。因此，符合法定條件下，受刑人能夠在刑期屆滿前，提前離開監獄。但若在假釋期間違反法律規定時，那麼就必須重回獄中服完剩餘刑期。此外，根據《刑法》第77條，如果受刑人被判處「無期徒刑」，須服刑25年，才有機會可以假釋；而有期徒刑則是服刑過半才可申請假釋。

服刑年限只是第一道門檻，受刑人申請假釋後，必須審查受刑人有沒有「悛悔實據」，也就是有沒有乖乖坐牢，及其他相關條件等為假釋准駁的依據。

● 假釋之路，黑幕重重

在法務部駁回申請的理由中，經常以「社會觀感」作為駁回的理由。但是「社會觀感」很難當作一個量化的標準，要到什麼樣的「社會觀感」才能允許一個受刑人假釋？有沒有一個客觀的標準可以衡量「社會觀感」？在法務部的運作之下，假釋的標準幾乎淪為「社會觀感」的考量，這麼大的模糊空間，卻使得每個不同的受刑人有不一致的假釋標準。

此外，目前假釋規定和「累進處遇」綁在一起。「累進處遇」可以用集點卡的概念來理解，也就是等級愈高，在監所裡的待遇也會提高，但等級愈高的點數卻也表示愈難累積。當假釋和累進處遇掛勾，反而使受刑人愈接近假釋標準時，愈是動輒得咎，深怕一失足，就失去了申請假釋的機會。

監獄的目的是教化犯人，讓受刑人在出獄後能夠順利復歸社會。假釋制度的用意，是促進監獄的教化功能，但當我們現行的假釋制度成為一種「恩惠」，真的能「教化」犯人，還是把人「愈關愈大尾」？

這或許值得我們更仔細地探討。

SPTEMBER

九月

民主時代的反思

你好大，
我好怕

2012

1

九月

反媒體壟斷，
有必要嗎？

2012年9月1日，
「臺灣新聞記者協會」、「反媒體巨獸青年聯盟」等
數百個民間團體發動「反媒體壟斷大遊行」。

● **大到令人恐懼的媒體？**

　　2008年，「旺旺集團」董事長蔡衍明一舉拿下「中國時報集團」經營權，包括「中天」、「中國時報」、「中視」等多家媒體，整合成「旺中集團」，許多人擔憂財團如果壟斷媒體市場，會扼殺「新聞自由」，建構符合自己利益的經濟和政治模式。

　　而後「國家通訊傳播委員會」（NCC）有條件通過「中視」及「中天」董事長等變更。然而，蔡衍明於「中國時報」等媒體刊登新聞，指責NCC委員針對他，強調併購資金沒有一分一毫來自「中資」，更

對批評的學者寄存證信函。旺中集團再計畫併購有限電視系統「中嘉」，多名教授開始連署表達反對。2012 年，又傳出「壹傳媒集團」將出售「臺灣壹傳媒」，其中可能接手人選也包括蔡衍明，最後爆發「反媒體壟斷大遊行」。

● 防範媒體壟斷，有什麼困難？

「反媒體壟斷運動」其中一項訴求，是要求立法規範媒體壟斷。2013 年，NCC 通過《廣播電視壟斷防制與多元維護法》草案，其中，原先草案提出「過渡條款」，要求頻道數量超標的業者，必須在「兩年內」減少頻道。然而，這樣的條款可能會違反「法律不溯及既往」的原則，後來在草案中刪除。

另外，草案以「收視率」等標準規範「廣播電視事業」，也被質疑無法反映「實質影響力」。根據資料顯示，草案提出的前十年，臺灣年平均收視率都在 10% ～ 12% 之間，而部分的規範標準卻訂在 15%，被認為過於寬鬆。

● 還沒立法，時代已變

2017 年，臺灣「數位媒體廣告」投資金額超過「電視廣告」，觸及率也呈現「黃金交叉」，象徵網路媒體時代的興起，然而時至今日，政府依然尚未完成立法。不過，傳統媒體對於言論市場的影響力仍然龐大，2019 年，NCC 再提《媒體多元維護及壟斷防制法》草案，但在時程上卻錯過了立法會期。

國家保障人民的「言論自由」，讓人民能暢所欲言，可是當財團壟斷媒體管道，就可能會過濾掉對財團本身不利的言論或是要求政府建立對自己有利的制度，畢竟財團本身的目的很清楚，就是要賺錢。

保障媒體的多元性，才能讓言論市場中出現不同的聲音。

監守自盜，
保全發大財

1998

九月

2

保全才不是
幫你收包裹的阿北

1998 年 9 月 2 日，保全搶錢 4,900 萬，轟動全臺灣。

● **發生什麼事了？**

　　衛豐保全的保全員 A 在運鈔途中，突然拔刀狹持兩名同事，4,900
萬就此下落不明，這起當時史上金額最高的運鈔車搶案驚動社會。然
而，保全人員監守自盜的金額，卻一件比一件高。2007 年，衛豐保全
又出包，一名李姓運鈔車司機，以藥物迷昏同車保全人員後，監守自
盜劫走 5,600 萬元現鈔，並在案發兩個小時後搭機逃往中國，一舉超
越 1998 年的 4,900 萬，成為臺灣史上金額最大運鈔車劫鈔案，也使
得衛豐保全遭取消優良保全，更一度傳出被撤照。

　　為了避免當年的憾事重演，陸續修訂了《保全業法》。

● 保全不是人人都可以當的

根據《保全業法》，保全業分成三大類型：① 辦公場所、營業場所、廠房、停車場等地方防盜、防火、防災的安全維護。② 負責現金或其他貴重物品的安全維護，類似武俠小說裡的鏢局。③ 關於人身安全的維護。

不管是哪一種保全人員，工作內容都跟人身安全或財物安全息息相關，當然不是阿貓阿狗都可以駕馭。資格上，也有法定年齡限制，未滿 20 歲或超過 70 歲就不能當保全。除了年齡以外，身家清白也是重要條件，像是有妨害性自主、妨害風化或是傷害、詐欺等刑事犯罪前科都是不可以當保全的，而也要先經過一定的職業訓練，才能上工。

● 你知道運鈔車要長怎樣也有規定嗎？

保全業的老闆也要準備相對應的工具，像是「運鈔車」—— 這可不是準備一台小發財就可以像古時候鏢局一樣，開始幹起運鈔工作。在路上看到的運鈔車都必須符合兩大標配：首先是自動報警系統；其次是防盜、防搶裝置等。

經過上述的介紹，大家以為在你們家樓下幫你收送包裹，打瞌睡的親切保全是可以說當就當的嗎？下次遇到請以尊敬的眼神，並跟他打招呼吧！

掏空信用合作社，
輕鬆發大財

1999

九月

3

郭廷才掏空信用社，
潛逃中國

1999 年 9 月 3 日，
掏空東港信用社的郭廷才被起訴，求刑 13 年。

● 什麼是信用合作社？

　　大家可能並不清楚什麼是「信用合作社」，以為是國小有賣沙士糖、冰棒、筒仔米糕的那個合作社，但實際上不是。所謂的信用合作社，是具有共同財務目的、互助性質的合作金融組織。信用合作社的利益良善，藉由鼓勵會員透過存款保障自己的經濟穩定，同時透過信用合作社的理監事將會員的存款，放貸給需要的會員夥伴，這樣的互助模式，承擔了銀行照顧不到的範圍。

● 究竟是怎麼掏空信用社的？

當時，郭廷才擔任「東港信用社」理事主席，他借職務之便，透過偽造存款單、作假帳、高估擔保品等方式掏空，而本來應該共同經營與監督的理監事、總經理、主任等不僅不阻止，甚至任由郭來指揮，協助存戶在存款不足的情況下，仍持續進行股票交易。

照理說信用合作社也要接受金融檢查，但是當時郭廷才不僅擔任國民黨立法院黨團副書記長、工作會委員長、也是財政委員會召集人，例行的金融檢查，都透過親自坐鎮給檢查人員無形的壓力。因此當事件爆發時，整個東港信用合作社已經是大窟窿，最後只能由臺銀接管，近 33 億的損失全民買單。

雖然最後法院判決，郭廷才、會計主任、出納、放款業務主管、承辦人、郭廷才的兒子，共同偽造定存單、虛偽作帳，都需負擔損害賠償。但是，郭廷才名下毫無財產，根本沒辦法執行。他於 2005 年逃亡中國，2010 才遭逮捕押送回臺，2015 年保外就醫時病逝於醫院。

● 郭廷才與他們的產地

郭廷才擔任屏東縣議長的期間，他的副議長叫做鄭太吉，如果要算臺灣地方自治史的黑暗 TOP 10，這兩個人一定榜上有名。後來，郭跑去選立法委員，留下來的議長寶座由鄭太吉扶正。而鄭議長任內最知名的政績，就是揚言「過高屏溪，殺人無罪」，但後來因為真的犯下殺人罪，在議長任內被捕，成為臺灣史上第一個因殺人罪被槍決的地方議會議長。

而這也使得 1990 年代的屏東，被說是「黑道治縣」。

《自由中國》雷震
在「自由中國」
被捕

1960
九月
4
以法律外衣
侵害人權的戒嚴案件

1960年9月4日，
雷震被警備總部以涉犯《懲治叛亂條例》「為匪宣傳」為由逮捕。
2002年9月4日，在《雷震史料彙編》的新書發表會上，
時任總統陳水扁表示雷震案是冤案，要求繼續尋找歷史資料。

● 雷震是誰？

　　雷震早年是國民黨的政治人物，隨國民黨撤退至臺灣後，於1949年11月20日在臺北創立《自由中國》半月刊。當時蔣中正為了獲得美援，積極宣示政治改革決心，在《自由中國》創立初期與雷震關係良好。而《自由中國》起初的方向也是「擁蔣」、「自由民主」與「反共」。除了擁蔣和反共，「自由民主」對國民黨來說似乎有點刺眼，也因此雷震開始受國民黨迫害。

　　比如蔣中正曾在辭謝國人祝壽時提示六點：「切望全國報章雜誌，

徵請海內外同胞，直率抒陳所見，俾政府洞察輿情，集納眾議，虛心研討，分別緩急，採擇實施。」因此雷震就在《自由中國》規劃「祝壽專號」對國是提出建言。沒想到國民黨軍中特種黨部批評《自由中國》「企圖不良，別有用心，假借民主自由的招牌，發出反對主義、反對政府、反對本黨的歪曲濫調，以達到顛倒是非、淆亂聽聞，遂行其某種政治野心的不正當目的。」

● 開始迫害

發表「祝壽專號」後，《自由中國》與國民黨正式決裂。當時軍事體系因難以被人民監督而可「依法」打壓言論自由，臺灣省警備總司令就認為，《自由中國》以民主自由、愛國人士的姿態，展開反政府活動，是匪諜在臺的統戰陰謀，所以依據《懲治叛亂條例》第 7 條：「以文字圖畫演說為有利於叛徒之宣傳」為理由將雷震逮捕。另外，雷震籌組反對黨也是引發國民黨決定抓人的關鍵，但國民黨知道，用此種方式處置雷震，一定會招致許多反彈，所以改變偵查方向，以《自由中國》職員是匪諜，雷震「知匪不報」來處置。

雖避開了言論自由，但蔣中正仍然親自修改起訴書，批判《自由中國》，認為雷震利用言論自由來顛覆政府，甚至在宣判前指示雷震的刑期「不得低於十年」，最後軍事法庭也以「知匪不報」和「文字叛亂罪」判處雷震 10 年徒刑。

● 因為堅守民主自由而被判刑

1949 年來到臺灣的中華民國，相對彼岸的「紅色中國」，被稱作「自由中國」。諷刺的是，「自由中國」的《自由中國》，從被認為是「在自由中國唯一享有言論自由的刊物」，最後卻成為入人於罪的工具。時至今日，雷震案獲得平反，成千上萬被陷害的人們，也開始說出自己的故事。

我吃的油，
是餿水做的？

2014

九月

6

食安讓人心不安

2014年9月6日，
新聞報導發現「工研合將」產品的油，是豬吃的餿水做的。
該產品標示是歐美先進技術製造的油，
但其實是在屏東髒兮兮的餿水煉油廠製成。
現正在看文章的你，可能曾經都吃下肚。

● 食安讓人心不安

　　在這件事發生的幾年前，臺灣爆發多起食安風暴，許多不良食品廠被發現生產「黑心食品」，添加如三聚氰胺、黑心食用油、塑化劑等對人體有害物質，導致國人人心惶惶。2010年衛生署下成立食品藥物管理局，而為提升食品、藥品的管理層級，衛生署食品藥物管理局於2013年7月改組為「衛生福利部食品藥物管理署」。

● 黑心油的追究，有什麼困難？

雖如強冠公司的負責人也因為黑心油而被以「加重詐欺」及違反食安法相關規定，而被判處刑事責任。然而，有不少消費者針對已購買且實用黑心食用油，紛紛想尋求司法救濟途徑，要求廠商賠償。消費者基金會因而透過集體訴訟方式，向相關黑心油業者求償。

不過黑心食品請求賠償相當困難，因為消費者要證明出自己的損害為何。例如因為食用黑心油所導致身體出了什麼問題，身體出問題和吃了黑心油有什麼因果關係等。這也是部分消費者向黑心油業者提起訴訟，因而敗訴的原因。

● 食安法的修法，亡羊補牢

立法院也因為黑心油事件，加速修法食安法。例如提高違法添加、攙偽、假冒致人於死者的罰金與罰鍰上限，自然人最重可罰二億元、法人最重罰二十億元。也將沒入不法利得跟罰金作區分，可以審酌食品業者的資力及犯罪所得之利益，加重處罰。

另外為避免消費者提起訴訟時舉證責任的困難，新法也移轉訴訟的舉證責任，食品業者必須自己證明「食品損害」不是自己造成的，才能免除法律責任。畢竟在訴訟上，舉證責任往往是勝訴的關鍵。所以這樣的修法，就是希望轉移責任，讓訴訟公平可以落實。

另外，新法也對規定上市、上櫃及經衛福部公告類別及規模的食品業者，要求強制設置實驗室，以利進行自主監測檢驗食品。

只希望法律的修正，能讓類似這樣的憾事不再發生。

如果這不是關說，
那什麼才是關說？

2013

九月

8

馬英九大動作
召開記者會，
「馬王政爭」拉開序幕

2013年9月8日，馬英九總統大動作召開記者會，
在副總統吳敦義及行政院長江宜樺陪同下，
公開譴責立法院長王金平「關說」，
並表示這是「臺灣民主政治、法治發展最恥辱的一天」、
「如果這不是關說，那什麼才是關說」，投下政壇震撼彈。

● **喬王涉關說案，到底怎麼一回事？**

　　最高法院檢察署特別偵查組（現已修法廢除）原本在偵辦一位法官
涉貪的案件，並且監聽相關人士，結果發現案外案，立法委員柯建銘
涉嫌關說一件假釋案，於是再轉向監聽柯建銘及他的助理。而在監聽
柯建銘與助理的對話中，檢察官發現柯建銘想要對他自己涉入的案子
進行關說，讓獲判無罪的案子，不要再上訴。於是，柯建銘找了當時

的立法院長王金平，拜託他聯絡高檢署檢察長陳守煌和法務部長曾勇夫，希望能讓負責承辦的林姓檢察官不要上訴，而後來案件確實也沒有上訴。

經過調查後，承辦本案的林姓檢察官，在無罪判決出來以後，綜合法律、心證判斷，獨立決定不提起上訴。由於也沒辦法證明柯王等人的「關說」是造成林檢察官不上訴的原因，因此在法律上這個「關說」很難成立。畢竟要去論證一個案件，是因為「關說」而導致「不起訴」，這樣的因果關係在舉證上確實有其難度。

● 政壇震撼彈，法學一大案

既然歷史上的今日被認證為「法治發展最恥辱的一天」，我們也來看九月政爭所引爆的各種法律爭議。

當時的檢察總長黃世銘，知道柯建銘、王金平等人涉嫌關說，卻未依「偵查不公開原則」保密，反而洩漏給與案件無關的馬英九、江宜樺等人，違反《通訊保障及監察法》、《刑法》洩密罪，被判刑1年3個月。特偵組取得涉案人員的監聽票進行監聽，當發現案外案的時候，理論上要再另外聲請監聽，但卻一票玩到底繼續聽。甚至，林姓檢察官年僅十二歲的女兒、國會總機，也被監聽，讓人質疑有濫用權力。

總統馬英九也被指控涉嫌教唆洩密、違反個人資料保護法等規定，而馬英九舉《憲法》所保障總統的「院際調解權」為其辯護。臺灣高等法院後來認為馬英九教唆的部分不成立，因此在2019年7月的更一審判決中，判馬英九無罪。

國民黨殺了我哥，
只好流亡日本

1985

九月

9

一輩子為臺灣
主體意識奉獻，
王育德逝世

1985 年 9 月 9 日，一個臺灣人在日本心臟病發去世。
他是臺灣語研究權威、戰後臺灣獨立運動啟蒙者及刊物
《臺灣青年》的創辦人：王育德。

● 生為臺灣人的悲哀？

　　王育德和哥哥王育霖在日治時期，考取東京帝國大學，卻因二戰
爆發，王育德須中斷學業返國。回臺後，在中華民國統治初期，王育
德在臺南一中教書並致力推動臺語戲劇。哥哥王育霖在日治時期通過
日本司法特考，成為第一位臺灣人檢察官。王育霖在京都地方裁判所
任職，戰後便返臺擔任新竹地方法院檢察官。

　　當時臺灣發生糧荒，在王育霖追查下發現新竹市長郭紹宗帶頭囤
積糧食、貪汙奶粉，因屢屢傳喚不到郭紹宗，王育霖持搜索令至市
政府，卻被上級以違法搜索為理由究責。後來王育霖辭職，到王添灯
開辦的《人民導報》擔任法律顧問。然而，政府的追殺並沒有因為辭

職而停止，二二八事件爆發後，王添灯被殺害焚屍，過沒幾天，王育霖也被祕密殺害、棄屍。

由於王育霖被追殺身亡，王育德也曾演出戲劇，諷刺、批評國民黨政權，也因此害怕下一個受害者可能就是自己，於是在 25 歲那年逃離臺灣。王育德先逃往香港，再到日本東京大學完成學業，從此未回過臺灣。王育德對「中華民國」政府的失望，變成「臺灣獨立」的政治意識。

● **我是《臺灣青年》── 臺灣語、臺灣獨立的啟蒙者**

王育德與其他東京大學留學生共同創立「臺灣青年社」，也創辦《臺灣青年》雙月刊，並推出「228 特輯」，公開 228 事件中被殺害、逮補的菁英名單。王育德也在特輯中公開哥哥是如何被國民黨害死。《臺灣青年》對海外臺灣人及留學生造成很大影響，因而傳到海外職業學生之間。這些海外職業學生會向國民黨報告誰看了《臺灣青年》，許多留學生只能偷偷看再丟掉。王育德也在 1964 年完成日文版《臺灣：苦悶的歷史》，被視為臺獨意識的啟蒙書。但中華人民共和國及中華民國都認為這本書數典忘祖，被當作禁書。王育德在日本仍奉獻在臺灣語、臺語戲劇、臺灣史及臺灣文學的研究，甚至致力推動臺籍日本兵傷亡補償問題。

● **為臺灣民主播種，未見民主的開花**

王育德在 1985 年 9 月 9 日去世，還來不及看到臺灣解嚴、臺籍日本兵終於贏得日本政府對傷亡兵的弔慰金，也來不及看見臺灣民主自由開花結果。他也看不到 2019 年 1 月 9 日立法院三讀通過《國家語言發展法》，其中第 4 條：「國家語言一律平等，國民使用國家語言應不受歧視或限制。」

我們必須記住王家兄弟的名字，珍惜他們犧牲與堅持帶來的成果。

用失效的法律
判人死刑？

1999

九月

10

白曉燕命案
主嫌陳進興
即將要被執行死刑

1999 年 9 月 10 日，
陳進興在法庭上承認所有犯行，
即將面對槍決。

● 引起臺灣社會極度恐慌的綁架案

　　1997 年，知名藝人白冰冰的女兒白曉燕在上學途中，遭陳進興等三人綁架。白冰冰在約定地點找到了白曉燕的書包、被綑綁的照片、五百萬美元的勒贖紙條以及一截小指頭。警方在成立專案小組後，陳進興等人多次約定交付贖款的地點，卻每次都沒有現身。直到白曉燕的屍體在排水溝被發現，警方因此表示全面追捕陳進興等人，三人也

開始逃亡。

　　陳進興等人在逃亡途中，又犯下多案件，像是綁架議員、商人並勒贖成功；侵入整形外科診所，強迫醫師他為他們整形後，再殺害醫師及護理師；另外也犯下多起強盜及強制性交案。根據事後 DNA 鑑定的證據，光是性侵害的案件，就高達 19 件，但陳進興在落網後卻表示，至少有 50 名以上的受害者。

　　陳進興的其他兩名綁匪同夥，則接連在警方的圍捕行動中身亡。最後，陳進興為了提高注意力，在南非駐華大使館武官卓懋祺家中，挾持卓懋祺一家人（包括他太太，大女兒、三女兒以及 7 個月大嬰兒），並與警方對峙。然而該事件卻引發臺灣電視史上最誇張的事件 —— 許多新聞台和陳進興連線，讓全國觀眾都聽到他的聲音，其中還有主播要求陳進興唱兩隻老虎給小孩聽，以及問他什麼時候要自殺？甚至有主播公布白冰冰的電話號碼，要求陳打電話給他。種種荒謬的事情，在過程中造成陳進興情緒不穩定，罵出三字經，情況一度緊張，都成為新聞界現今的前車之鑑。

　　後來警方借提被收押中的陳進興太太張素貞，以及在時任臺北市刑警大隊大隊長侯友宜、民進黨中評會主委謝長廷及監察委員葉耀鵬的溝通下，釋放人質並投案，結束長達 7 個月的逃亡。落網後檢警調查才發現，陳進興在逃亡期間，多次潛入民宅進行竊盜甚至強盜，並且強制性交多位婦女。

● 陳進興判死刑，但法律有問題？

　　這樣罪大惡極的罪人，當然在輿論沸騰之下，最後被判處死刑定讞，並在隔年被槍決。雖然沒有人否認陳進興罪行重大，但在當時，法院判決依據的《懲治盜匪條例》，卻引起很大的爭議。

　　1944 年 4 月 8 日，《懲治盜匪條例》在中國施行，由於中國當時正值中日戰爭時期，在這樣特殊的背景下，《懲治盜匪條例》中的第 2 條，對部分的犯罪行為採取極刑的「特別刑法」，例如「聚眾出沒山澤抗拒官兵」、「結合大幫強劫」、「意圖勒贖而擄人」等犯罪，刑度都拉高到「唯一死刑」。

　　爭議的原因在於，1944 年實施的《懲治盜匪條例》第 10 條中有規定，《懲治盜匪條例》只實施一年，但政府如果認為有必要的話，可以用命令延長效期。《懲治盜匪條例》施行以後，政府的確也依照這條條文，使用「命令」來延長它的有效期限。

　　國民政府在 1945 年 4 月 26 日下令延長《懲治盜匪條例》，但問題在於命令下來的時候，《懲治盜匪條例》早就失效 18 天了。1945 年 10 月 25 日，中華民國政府統治臺灣之後，這部「失效」的法律，竟也跟著中華民國的其他法律來到臺灣。

● 用失效的法律來判決，絕對不是正義

法律的目的是維護社會正義，而爭議的基礎來自正當的程序和內容。用一部已經失效的法律來判決，絕對不是一個正常國家應該做的事。更何況，當時並不會因為沒有《懲治盜匪條例》而沒辦法審判陳進興，回歸《刑法》一樣可以成立犯罪，也一樣可以有被判死刑的空間。

除了立法程序的問題之外，根據《懲治盜匪條例》規定，只要動手「綁架」就是唯一死刑，不管事後有沒有放走被害人、有沒有拿走贖金。這樣不論輕重唯一死刑的規定，使得綁匪乾脆撕票，省得逃亡的時候還要帶著一個人。幸好後來該法律眾多條文被大法官宣告違憲，立法院也在 2002 年廢止早就失效《懲治盜匪條例》。

後來，為了避免發生「撕票」的憾事，立法院也修正《刑法》第 347 條擄人勒贖罪，如果歹徒沒拿錢釋放被害人，一定減刑，希望能藉此保護被害人的生命。

傑出的一手，修憲修到違憲

1999

九月

11

修憲沒有界限

1999 年 9 月 11 日，新黨發動遊行，
抗議國民大會代表自行修憲延長任期。

● 還要多久，自己決定？

　　面對「中國共產黨」擴大，1948 年中華民國國民大會通過《動
員戡亂時期臨時條款》。隔年，中華民國政府撤退到臺灣，為彰顯所
謂的「法統」，也就是中華民國政府對中國的主權，代表中國各省的
民意代表始終未改選。「反攻大陸」也漸漸變成遙不可及的夢想，而
國大代表透過修正《臨時條款》的方式擴權，逐漸讓人民產生反感，
最終在 1990 年爆發「野百合學運」。

　　學運過後，政府傾向廢除國民大會，但當時修憲權掌握在國民大
會手上。1999 年國民大會竟以「選制改革」為由，強行通過新的《憲
法增修條文》，以銜接第五屆立法委員改選，足足讓第三屆國代任期

臺灣法曆

延長 2 年多，引發「國大自肥」爭議。

● 都修憲了，還會違憲？

在現行法律秩序架構下，「憲法位階」具有「最高性」。《憲法》和《憲法增修條文》皆在「憲法位階」，邏輯上《憲法增修條文》不可能「違憲」，然而大法官在釋字 499 號解釋宣告「修憲違憲」！大法官提到，《憲法增修條文》和《憲法》一樣都在「憲法位階」，但某些在《憲法》中具有「本質重要性」的條文，若放任《憲法增修條文》隨意更改，《憲法》樹立的秩序就會被破壞。例如：憲法「保障人民權利」等規範，讓我們的財產、自由受到保障，不被政府隨意侵奪。而關於「國民主權原則」的規定，也讓人民成為國家的主人，政府不能違背人民意思而行為，這些都是《憲法》建立秩序的基礎。若被更改，將對國家秩序產生重大危害。大法官的意思是：「憲法也會違憲！」

● 憲法，是民主自由的守護者

大法官表示，除非國家遭遇重大變故，而不能實施改選以反映民意，否則民意代表無故將任期延長，已違背選民之託，也違背「國民主權原則」。《憲法》的某些基本原則，是維持現在民主自由的基礎，只有堅持這些基本原則，即使哪天我們淪為少數，也不會成為被國家拋棄的一群，我們永遠有權決定國家的未來。

在 1990 年代，國民大會掌握修憲權、立法院掌握立法權，雙方衝突也成為焦點。當時最經典的是立法委員罵國民大會「垃圾」，國大代表也反咬立法院「蟑螂」，成了「蟑螂與垃圾大戰」；立院威脅「刪除國民大會預算」、國大揚言「修憲廢除立法院」作為報復。不過這隨著第六次修憲，國民大會自廢武功改成「任務型國大」、第七次修憲任務型國大「自宮」廢除國民大會，「蟑螂與垃圾的戰爭」也隨之落幕。

中華民國
被全世界排擠

2002

九月

12

辣個象徵自由的中國
「中華民國」重返
聯合國提案遭否決

2002年9月12日，聯合國總務委員會
在今天以「缺乏共識」否決中華民國參與聯合國的提案。
這是中華民國第十年以「代表權問題」向聯合國叩關失敗。

● 什麼是代表權問題？

　　1912年，中華民國成立，取代大清帝國為「中國（中華民國）」。經歷國共內戰後，1949年中華民國逃到臺灣，而中華人民共和國在北京建國，兩個政權都自稱是「中國」，演變成雙方在爭執誰才是「正統中國」，而這也就是「中國代表權」問題。在聯合國，哪個政權才能使用「中國」會員的資格，也是一個爭議。
　　曾經，多數國家以及強權美國支持中華民國的情況下，中華民國依舊是聯合國的會員。不過隨著國際情勢的變遷，轉向支持中共的國家陸續增加；美國一度建議是否改讓聯合國存在「兩個中國」（即兩德、

兩韓、兩越模式），讓中華人民共和國和中華民國可以同時有著聯合國會員資格，突破一個中國原則。甚至也有一度讓我們改名為「臺灣中華民國」來繼續留在聯合國，但都遭到蔣介石政府的拒絕。

最終，在 1971 年，聯合國大會通過 2758 號決議，認定由中華人民共和國取代中華民國對「中國」的聯合國代表權，中華民國政府黯然離開聯合國。

● 失去代表權，然後呢？

不過聯合國的決議並未產生所有聯合國會員國須集體承認的效果，也就是即便中華人民共和國在聯合國取得中國代表權，但仍有部分的會員選擇承認中華民國政府「代表中國」並建立外交關係。雖然國內不少聲浪批評「金援外交連名字都沒聽過的小國」，但這些國家仍在聯合國有著席次，可以為中華民國發聲。

因此中華民國過去也透過友邦國家向聯合國傳達，讓中華民國「返回」聯合國的訴求。不過當今要國際社會因為秉持「一中原則」的原因，要認同中國（中華民國）、否認中國（中華人民共和國）的難度極高。

近年來，中華民國政府試著在「返回」聯合國以外的途徑，尋求參與國際事務，在不否認中華人民共和國對中國合法代表權下，嘗試主張「臺灣」的主體性及獨立性，加入國際組織。

高雄縣長
「自殺」？

1989

九月

13

高雄地方派系
「余家班」的起源

1989 年 9 月 13 日，
前高雄縣長余登發，
被發現死於自宅臥室血泊中。

● 余登發是誰？

　　余登發在日治時期曾當選高雄州楠梓庄的協議會會員。戰後，作
為大地主的他先當選高雄縣橋頭里里長，並且協同地方人士爭取設立
橋頭鄉，並在 1947 年橋頭鄉成立後，當選第一任鄉長。同年底在第
一屆國民大會代表選舉中，當選臺灣省的代表。
　　在地方擁有高度民意基礎的余登發，也得到國民黨的拉攏而入黨。
但是在前往南京參加國民大會時，親眼見證了國民黨選舉舞弊，回臺
後撤回加入國民黨的申請。之後余登發在鄉長任期屆滿前，參與農田
水利會主委的選舉，擊敗打敗了官派的參選人順利當選。

當時通貨膨脹嚴重，政府祭出「四萬舊臺幣換一元新臺幣」的貨幣政策，所以這個主委不好當，發不出薪水他就賣自己的土地去發薪水，沒有抽水站就捐土地再砸錢去日本買抽水機，且替人們鋪橋造路。也許余登發有點公私不分，但也因為大力建設地方而受到人民愛戴。

　　不僅如此，他更在高雄縣開創地方派系的「黑派 (也有人稱余家班)」，和之前國民黨的「白派 (白派創始人是陳新安，兒子正是第 14 任副總統陳建仁)」和「紅派」制衡，這樣三分天下的關係持續很久，每次選舉都必須要從三方之間的實力消長來判斷。

● **打壓下所造成的「橋頭事件」**

　　而「黑派」在一黨獨大時代，是高雄反對勢力的代表，余登發也集合一群黨外的異議分子，並且自己在三度叩關高雄縣長選舉後順利當選。余登發任內為了不讓部屬貪汙，捐出自己的薪水為部屬加薪，厭惡國庫通黨庫的他，也在任內刪除國民黨高雄縣黨部之補助款以建設學校教室獲得好評。

　　正因為這樣的執政，吸引各種角色加入黑派，影響力也愈來愈龐大，之後也在民進黨成立後，帶領「余家班」加入民進黨，余家三代也擔任六任的高雄縣長，從此高雄也成了民進黨的勢力之處。

　　回到余登發在當縣長的故事，正因為他對錢的「阿莎力」以及執

政形象，在高雄的影響力愈來愈大，當然也引起中央的緊張。在他當選縣長三年後，政府便以余登發涉及弊案為由將其強迫停職，並科以瀆職罪刑。

1978 年國民黨政府又以余登發及其長子涉及「吳泰安匪諜叛亂罪」逮捕二人，罪名是「知匪不報」、「為匪宣傳」，引發了社會不滿與反彈，並激發了黨外勢力的團結。1979 年，包括當時領袖黃信介、施明德、許信良、陳菊以及關心政治的青年們發起遊行，從余登發的故鄉橋頭出發，走了 14 公里來到高雄火車站，這是黨外第一次集結的活動，也是史稱「橋頭事件」。

聲援當然沒有效果，1979 年 4 月，75 歲的余登發被法院判處有期徒刑 8 年、褫奪公權 5 年。事後，國民黨政府將參與聲援遊行隊伍的桃園縣長許信良，以監察院所提「彈劾案」為名，移送司法院公務員懲戒委員會，予以休職二年，這些事件進而導致美麗島事件的爆發。

● **面對威脅不怕，卻突然死亡？**

後來，余登發獲准保外就醫。1987 年，當他得知流亡海外的黑名單許信良企圖闖關回臺時，高齡 83 歲的他仍帶隊前往桃園機場接機，面對當局的化學水柱也不退縮。

但是在 1989 年 9 月 13 日，他被發現死於自宅臥室血泊中。當時

著名的法醫楊日松和曾經參予美國總統甘迺迪謀殺案的美國知名法醫魏契（Cyril Harrison Wecht）鑑定後均認為余登發的死因是他殺。但是因為其他法醫投票認為是意外，於是結案就成了「自殺」。時值余登發的媳婦余陳月瑛競選高雄縣長時期，當時偵查機關先放出仇殺、情殺的消息，最後再以「無他殺嫌疑」結案。

● **家族政治在民主時代的反思**

　　余登發相信政治需要競爭才會進步，在威權時期出來參選其實也是生命賭注，而這個重擔就落在他的家族上，從兒子到媳婦都參與了政治，也都得利於他的庇蔭，參與的時間也從威權時代跨入民主世代。

　　也因此許多人批評他們是家族政治、地方派系，甚至有「余家班」及「黑派」之稱，但派系是否真的不可取？或許我們不應該廉價地討厭，而是更要睜大眼睛看看，究竟做了些什麼，才能精確地評價。

黨籍和立法院
鐵王座的保衛戰

2013

九月

14

王金平
成為法院認證的
國民黨黨員

2013年9月14日，新聞報導「馬王政爭」進入白熱化階段，
王金平向臺北地方法院起訴國民黨，
黨籍保衛戰進入訴訟階段，當時暫時保住黨籍。

● ROUND ① ：先保住再說

　　2013年9月11日，時任總統兼國民黨黨主席馬英九召開記者會，
要求國民黨開除王金平黨籍。國民黨中央黨部考紀會決議開除黨籍，
並將結果送至中選會，撤銷王金平立法委員之資格。
　　王金平對此向法院聲請「定暫時狀態假處分」，也就是要法院先
「暫時」裁定國民黨不能撤銷黨籍。而國民黨主張，若法院准許假處分，
將形同黨紀無法貫徹，因而造成黨譽毀損。

當時臺北地方法院認為「喪失黨籍致失去立委及院長資格」與「國民黨的黨紀、黨譽問題」，兩相比較之下，如果不准許假處分，立法院長資格喪失的情況較為嚴重，因此准許了王金平的聲請。

● ROUND ②：真正訴訟開打

之後，王金平提起「確認黨籍存在之訴」，將國民黨告上法院，要求法院確定他的黨籍是否還在。而這場官司國民黨二連敗，國民黨只好上訴至最高法院。

但是在 2015 年，新任國民黨主席朱立倫決定認賠殺出，宣布停止委任律師續行訴訟。根據《民事訴訟法》的規定，上訴到第三審必須由委任律師代理。最高法院最後以國民黨沒有委任律師為由，認為國民黨上訴不合法，駁回上訴，全案定讞。

● ROUND ③：王金平怎麼保留黨籍的？

法院認為，黨員黨籍存在與否的問題，原則上交由政黨自己決定。本案因王金平涉入的關說案，應該由國民黨自己調查判斷，而不是交由法院來判斷。但是，既然政黨要自己決定，就必須照著《人民團體法》的遊戲規則走，並依照「民主原則」決定（註：現在黨員黨籍的規範適用《政黨法》）。

但是，國民黨考紀會委員的選任，只須經由秘書長簽核、黨主席核定即可。如果要續聘，也只要秘書長以簽呈方式，送請黨主席核定即可。因此有些人甚至已經當了 10 年以上的考紀會委員，人選缺乏變動的可能性。

　　另外，在《民法》與《人民團體法》中也有規定，除名的決議，要經過「總會」、「會員大會」以及「會員代表大會」等具有民意基礎的單位決議才行。國民黨的考紀會，不僅沒有依照民主原則組成，也沒有依民主原則運行，所做出來的決議，自然因為違反法律的規定，當然無效。

● ROUND ④：為什麼要有民主原則

　　為什麼後來的《政黨法》以及現在的法院，都要求政黨的運作要遵循「民主原則」呢？

　　那是因為政黨本身的意義，就是要透過選舉來取得政權，並且掌握國家政策的決定權。為了要確保我們的自由民主憲政秩序，所以政黨的內部組織以及運作，就要遵循民主原則的規範。

　　例如，王金平是立法院長，但同時也是不分區的立委。如果他喪失黨籍，就會喪失立法委員之資格，也會喪失立法院長的頭銜。這也就是說，一個政黨的動作，可以影響到一個國家立法院院長的去留，

因此當然不可以「誰」說的算，一定要經過嚴謹且公正的民主原則程序，才可以確保在政黨和國家之間的緊密運作之中，維持一個比較合理的狀況。

畢竟「政黨」是一種組織，而「政府」是一個可以使用國家權力的單位。當「政黨」取得「執政」，若政黨本身不民主，國家，當然也不會民主。

大法官
大了 70 年

1948

九月

15

你的自由，
都是來自憲法

1948 年 9 月 15 日，
行憲後的大法官在中國南京召開第一次大法官會議，
討論釋憲工作。

● 大法官是誰？

「憲法是我國的根本大法」，但真的知道憲法規定了什麼，又是如
何影響我們生活的人，恐怕不多。就算你真的去看憲法也不一定能看
得懂，因為憲法大多是抽象的規定。為了讓國家可以具體的依照憲法
規定來運作，政府機關就要根據憲法的授權來制定各種法律。

這些制訂出來的法律有的符合憲法的精神，但也有一些法律可能
違反憲法。當法律可能違憲的時候，就會由我國負責解釋憲法的最高
機關 ──「大法官會議」來做出解釋，認定法律是否違憲。而自中華

民國行憲之後，大法官也在 1948 年的今天，於南京首次召開大法官會議，討論釋憲工作。

● 大法官工作是什麼？

大法官應該召開會議，討論法律是否符合憲法精神，而雖然他們的工作是守護憲法的價值，但臺灣在戒嚴時期出現許多不合理的法律規定，他們反而做出了許多擁護威權的解釋。比如司法院釋字第 31 號奠定了「萬年國會」的基礎、釋字第 68 號解釋出現「有罪推定」的精神等等。

而這些大法官之所以不能守護憲法，有的是因為個人原因，比如某些大法官真心覺得國家安全更重要，當時挑選大法官的制度也不夠完善，負責審視大法官的監察委員不夠獨立可能也是原因之一。

● 憲法的重大變革

2018 年，是大法官召開會議以來的 70 周年，時任司法院院長許宗力表示，未來將引進「憲法裁判度」，也就是當你的判決跑完所有的審級後，你還是認為最後的裁判違憲，那就可以聲請大法官針對這些法律見解作出解釋，而這項制度也很快在當年三讀通過。

從第一屆大法官召開會議至今已有 72 年，在這之間我們歷經大法官沒有發揮功能的戒嚴時期，但也歷經大法官為我們守住人權的歲月，未來還有更多的紀念周年，我們除了期待大法官繼續守護憲法，也希望大家能夠一起了解，並一起守護我們的法治與自由。

反抗的先驅──
臺灣第一位
法學博士

1880

九月

16

同時還是
第一個臺灣人律師

1880 年 9 月 16 日，臺灣第一位法學博士：
葉清耀先生，在臺中出生。

● 葉清耀，他是誰？

　　葉清耀出生在經濟不好的家庭，從公學校畢業後，放棄升學從事
樟腦油的工作。學校老師認為他很聰穎，不升學實在可惜。在老師鼓
勵下，考上當時的臺中師範學校。畢業後先在公學校教書，後又在法
院擔任通譯。1910 年葉清耀決定繼續深造，由於當時臺灣沒有大學，
於是前往日本明治大學法科就讀，半工半讀下順利從大學畢業。然而，
當時日本政府不允許臺灣人考辯護士（律師），在他和司法大臣請願抗
議後，日本政府開放臺灣人應考，葉清耀也順利成為臺灣史上第一位
辯護士。1932 年葉清耀以《刑法同意論》為題的論文，取得明治大學
的法學博士學位，也成為臺灣史上第一位法學博士。

● 日治時代的美麗島事件：治警事件的辯護律師

在日治時期，臺灣人於武裝抗日失敗後，為爭取一定程度的自治，林獻堂等人便進行「臺灣議會設置請願運動」。第二次臺灣議會設置請願運動失敗後，蔣渭水等人深感結社的重要，遂於請願運動進行到第三次時，組織「臺灣議會期成同盟會」。但是當時日本政府統治下的臺灣根本沒有結社自由，申請案直接被臺北州警務部打槍。

1923 年，他們藉由前往東京請願的機會，向東京早稻田警察署申請成立獲准，「臺灣議會期成同盟會」在東京正式成立。臺灣人繞過臺灣總督府，跑到東京組成政治團體，總督府非常生氣，以違反《治安警察法》為由進行全臺大逮捕，共 18 人遭起訴，其中包含大家熟悉的蔣渭水、蔡培火等人，史稱「治警事件」。

於是，葉清耀決定挺身而出，擔任他們的律師。當時，檢察官在庭上這麼指責被告：「臺灣人竟不知感恩，反對同化政策，要求自治權利，是不自量力！」在葉清耀等人辯護下，臺北地方法院一審判決被告統統無罪。法院認為他們的行為並未違法，若判他們有罪，反而會讓他們「英雄化」。而這個無罪判決也讓葉清耀一戰成名。

可惜的是，臺灣總督府高等法院二審推翻一審判決，蔣渭水及蔡培火被判 4 個月有期徒刑，其餘等人分別被判 3 個月、罰錢及無罪。

● 組織臺灣地方自治聯盟

1930 年，葉清耀組織臺灣地方自治聯盟，爭取臺灣人直選地方公職。然而葉清耀卻在 1942 年不幸病逝，享年 63 歲。葉清耀見證臺灣人在日治時期的反抗，自己也參與其中。臺灣人的民主大概就是不斷拚搏而來的。因為民主自由，從來就不是理所當然。

自己的國家
自己救！

1964

九月

20

彭明敏發表
《臺灣人民自救宣言》，
被政府以叛亂罪逮捕

1964 年 9 月 20 日，
臺大政治系教授彭明敏發布《臺灣人民自救宣言》，
向蔣介石政權表達不滿。

● 噤若寒蟬的年代

　　1949 年頒布戒嚴令後，全臺處在威權政府統治下長達 38 年之久。不僅人人自危、風聲鶴唳，連講求傳授知識的大學學府也在戒嚴時期下，受到諸多限制。政府除限制學生閱讀的書籍內容及課外知識，更限制教授的授課自由。即便如此，仍有不少教授私下偷渡自由民主的思想，彭明敏就是其中一位。

　　彭明敏親眼見證 228 事件的悽愴慘烈，內心也對於當時政府以「反攻大陸」箝制人民思想的作法非常不滿。彭明敏便與他的另外兩位學生魏廷朝和謝聰敏，共同草擬一份不容於當權的宣言，分析臺灣所面

臨到的現況問題，並命名為《臺灣人民自救宣言》，希望透過這樣的方式喚醒臺灣人民對民主自由思想的意識。但是，當時臺灣仍處於戒嚴與白色恐怖時期，國家機器動得很厲害，正當彭明敏等人將宣言帶至旅館堆放時，便遭刑警發現並依叛亂罪逮捕。

由於彭明敏享有極高的國際聲望，引起海內外關注，因此得以被特赦，連帶讓兩位學生謝聰敏與魏廷朝減半刑期。話雖如此，三人的生活仍遭到政府監控。出獄後彭明敏為了避免再次因政治主張入獄，逃亡國外 20 餘年，直到臺灣進入民主化階段後才回臺。

● 自救宣言說了什麼？

彭明敏在宣言中認為，政府藉由「反攻大陸」的口號，剝奪並限制人民的基本權利。主張應團結當時一千二百萬人的力量，不分省籍地竭誠合作，建設新國家、成立新政府。宣言更進一步主張「『一個中國，一個臺灣』早已是鐵一般的事實」，並認為「臺灣」於國家組成要素上顯然已完整具備，應為自由世界的一分子而可以重新加入聯合國，與他國建交，共同為世界和平而努力。

於此，有學者評論認為，《臺灣人民自救宣言中》所提出的思想，對後續臺灣民主化思潮的貢獻及影響深遠，也對於推動臺灣民主的進步可謂功不可沒，而且從現今的角度來看這份 50 年前的文件，也會發現這份宣言的精準政治判斷。

這份宣言更見證臺灣走入民主，也慢慢走入具有主體性的世代。

思想罪，
曾經在臺灣發生

1991

九月

21

100 行動聯盟，
言論自由的啟蒙

1991 年 9 月 21 日，
中研院院士李鎮源、臺大法律系教授林山田、陳師孟等人
帶頭成立「100 行動聯盟」，要求政府廢除《刑法》第 100 條。

● 刑法一百條是什麼？

　　1935 年 7 月？日，現行的《中華民國刑法》開始在中國施行（不包括臺灣，因為當時臺灣為日本的領土，但後來《中華民國刑法》也跟著中華民國一起來到臺灣）。當時第 100 條的「內亂罪」規定：「意圖破壞國體、竊據國土，或以非法之方法變更國憲、顛覆政府，而著手實行者，處七年以上有期徒刑；首謀者處無期徒刑。預備或陰謀犯前項之罪者，處六月以上、五年以下有期徒刑。」

　　《刑法》第 100 條本質上是處罰「未遂犯」，邏輯上來說，如果「內亂成功」，就表示國家被顛覆，勝者為王敗者為寇，所以內亂罪是處

罰顛覆國家失敗的人。但根據法條，只要政府認為你「心裡有叛亂思想」，就是「意圖」叛亂，而發傳單、開讀書會或與朋友聊天都很可能成立內亂罪，也是一般俗稱的「思想罪」。

《刑法》第 100 條成為排除人民特定政治思想及言論的手段，許多與國家意見不同的異議人士也因此入罪。在白色恐怖時期，《刑法》第 100 條還被加重刑責，如果你犯了內亂罪，就等同於觸犯俗稱「二條一」的《懲治叛亂條例》第 2 條第 1 項，結果就是「唯一死刑」。當時有許多人，只因為「想法」就被判死。

● **閱讀臺灣史會被逮補的日子，導致「100 行動聯盟」成立**

上述的這些規定到了解嚴之後並沒有跟著消失。

1991 年 5 月 9 日，發生了「獨臺會事件」，幾個研究生只不過是閱讀史明的著作《臺灣人四百年史》，並赴日本拜訪史明，回臺後協助獨臺會製作與發放文宣，就被依《懲治叛亂條例》逮捕。這件事引起大學生與教授不滿，發起抗議與罷課等活動，刑法一百條的爭議隨即受到關注，更有上千群眾占領臺北車站。

雖然立法院隨後廢除了《懲治叛亂條例》，但是箝制人民言論自由的「刑法一百條」，遲遲未被廢除與修正。因此，李鎮源、林山田、陳師孟、瞿海源、張忠棟等教授成立「100 行動聯盟」，要求政府廢除

刑法一百條，發起「反閱兵廢惡法」運動。

　　1991 年 10 月 10 日也成為中華民國的末代國慶閱兵典禮，「100 行動聯盟」在這次行動中，以組織性的非暴力方式，抗議「閱兵」與「刑法一百條」所代表的政府威權以及反民主。在當時，「100 行動聯盟」的行為，馬上受到新聞媒體的反彈與國民黨報《中央日報》的指責，但是在反閱兵運動之後，聯盟仍繼續向國大請願及絕食抗議，並呼籲人民正視民主。

　　有趣的是，當初批評「100 行動聯盟」的聲音，都是批評他們「反民主」，甚至有民間團體買下報紙頭版，更是批評反閱兵行動是「暴力行為」，報紙也報導說這是一個手段卑劣的行為。這樣的聲音，你是否覺得很熟悉呢？有些人在面對社會上稍稍改變的作為，總會丟出這種「反動的修辭」。

　　後來反閱兵的民眾因為遭到憲兵暴力的驅離，所以許多人轉到臺大醫院前面靜坐，並且遭到軍警的包圍。因為大家害怕一旦離開就無法回去，所以許多人都不願意離開。但是後來警察開始驅離民眾，將群眾帶上警備車丟包，值得慶幸的是當天沒有任何流血衝突。

　　但也有人認為當天之所以和平結束，是因為國民黨內部改革派以及保守派的拉扯，然而這樣的消息也顯示集會遊行本身的功效。因為抗議雖然不代表政策一定會改變，但至少會讓有權力的一方的內部產生拉扯，一旦有拉扯，就會有進步的可能性。

● 法律廢除，終於進步

最後，立法院在 1992 年 5 月 15 日通過《刑法》修正案，將刑法第 100 條改成「以強暴或脅迫著手實行者」作為犯罪手段，也就是說必須要有真正的「內亂行為」，且開始有所作為才有可能成立，且將「陰謀犯」刪除，並施行到現在。

在相關法律修正、廢除後，多名政治犯，包括獨臺會事件的人也終於被無罪釋放。我們也才慢慢走入言論自由的時代。

行政院長，
我要你下台

2012

九月

22

史上第二次倒閣失敗，
陳冲保住
行政院長寶座

2012 年 9 月 22 日，
立法院進行中華民國憲法施行後第 2 次倒閣案的表決，
然而開票結果，46 票贊成，66 票反對，以失敗告終，
時任行政院院長陳冲保住職位。

● 政府顧人怨，人民要院長下台

　　這次不信任案的發動，是由民進黨黨團與台聯黨團所提出。兩黨團針對當時馬英九政府爆發前行政院秘書長林益世涉貪以及對內政問題表達不滿，同時也批評馬總統以一人意志凌駕內閣之上，讓陳冲變成有責無權的「傀儡院長」，因而提出不信任案，連老朋友親民黨也決定要投下贊成倒閣票。這次投票的結果雖然失敗，但是也發生了不少插曲，無黨籍立委顏清標誤投贊成不信任案，讓他在開票時連忙道歉，說自己蓋錯，事後也不停向陳冲說「歹勢」。

而這次不信任案也引發憲政爭議：原本對陳冲的倒閣案要在立法院臨時會上提出，但是立法院長王金平認為不合《立法院組織法》的規定，裁示無法於臨時會處理倒閣案，後來民進黨聲請釋憲，認為憲法沒有限制提出不信任案的時間，不應該限制臨時會不能提倒閣案。大法官在釋字 735 號解釋中認為，憲法並未限制不信任案提出的時間，不管是「常會」或是「臨時會」都可以提，因為次於憲法位階的法律不能牴觸憲法，所以《立法院組織法》規定「限制臨時會只能議決特定事項」與憲法的意旨不相符。

● **如何發動倒閣？**

　　《憲法增修條文》中有規定，發動不信任案必須先獲得全體立法委員 1/3 以上連署，提出 72 小時後，應在 48 小時內採記名投票表決。如果經 1/2 以上的全體立法委員投下贊成，行政院院長應在 10 日內辭職，並得同時呈請總統解散立法院。

　　不過，《憲法增修條文》也規定為了避免政治動盪，如果不信任案沒有通過，一年內不得再對同一個行政院院長提出；如果通過，行政院長也可以呈請總統解散立法院，讓立法院重新改選，讓人民投票決定到底誰才真正是有民意支持的一方。

　　到目前為止，總共發動過 3 次不信任投票，統統都是在國民黨執政時所發生，但 3 次都失敗告終。被提案的院長分別是 1999 年的蕭萬長、2012 年的陳冲以及 2013 年的江宜樺。

以前爸爸說的算，大法官說不能算

《民法》父權優先條款，
被大法官宣告違憲

1994 年 9 月 23 日，
大法官認為民法部分條文違反性別平等，宣告違憲。

● 爸爸：小孩應該給我 —— 合法

　　1930 年制定的《民法》第 1089 條規定：「對於未成年子女之權利義務，除法律另有規定外，由父母共同行使、負擔之。父母對於權利之行使，意思不一致時，由父行使之。」簡單來說，父母要共同承擔對未成年子女的保護教養的「義務」，但是如果對行使「權利」意見不合，則由父親優先。

　　1991 年，一對感情不睦的夫妻要離婚，打官司的同時，老大和老二分別交給先生和太太家人照顧。沒想到，後來先生連老二都要帶

回去自己照顧。最後，法院也判決爸爸勝訴，媽媽要把老二交給爸爸照顧。法院的理由是《民法》第1089條規定，認為夫妻雙方意見不合，由爸爸行使權利的父權優先條款。後來，媽媽同意讓婦女團體將本案聲請大法官解釋，於是將本案送大法官解釋。他們認為，這種父權優先條款早就跟社會脫節，應該宣告違憲並修法。

　　同年，大法官作出釋字第365號解釋，宣告《民法》第1089條違憲。

● 大法官：性別不平等、性別歧視！

　　大法官說，這個父權優先條款過度侵害平等權，因此違憲。理由則是，法律只有在特殊情況，才可以因為性別而有差別待遇，必須基於「男女生理上之差異」或「因此差異所生之社會生活功能角色上之不同」。

　　大法官提到，當今的社會環境已經不同於《民法》制定的1930年，現今社會女性接觸教育、就業跟男性有差不多的機會，所以在行使親權時，應該有平等的地位。後來，《民法》第1089條修正規定為：「父母對於未成年子女重大事項權利之行使意思不一致時，得請求法院依子女之最佳利益酌定之。法院為前項裁判前，應聽取未成年子女、主管機關或社會福利機構之意見。」

　　在此之後，許多違反性別平等的條文，例如冠夫姓、妻以夫住所為住所、子女監護權、子女從父姓等等條文也陸續修正。

　　雖然條文走向性別平等，但社會文化也須慢慢向前，我們與平等的距離才會愈來愈近。

政治犯，
不能假釋嗎？

1982

九月

24

挑戰禁忌，
國民黨立委提出質詢

1982 年 9 月 24 日，國民黨立委洪昭男挑戰政治禁忌，
質詢 228 事件政治犯的假釋問題。

● 洪昭男和 228 受刑人事件

　　爆發 228 事件之後，臺灣進入戒嚴時期，刑事司法機關從偵查、
審判到行刑都不是法治國家該有的模樣，例如假釋的規定排除某些涉
犯 228 事件的政治犯，使得有些人在監獄待了 30 多年。洪昭男認為
這些政治犯年輕時雖曾「犯過錯誤」，但都已付出代價，他們的家人
為了探監，已跑了綠島數十年，很值得同情。同時考量他們的健康狀
況，應該給他們「機會」分享當時社會的繁榮進步。
　　所以洪昭男在 1982 年的今天，率先質詢當時的警總以及國防部

長，表示 228 事件入監的受刑人不應該被排除在假釋規定之外，甚至先前減刑時也有寄發出獄通知書給家屬，但實際上卻沒有釋放他們。1983 年，也就是這場質詢後的隔年，在綠島的「叛亂犯」王如山、王為澣、李國民等人，根據文獻表示，都被警總「靜悄悄」地釋放。也因此洪昭男的質詢被視為國民黨的異數，也創下戒嚴時期的先例。

洪昭男雖然是國民黨黨員，問政時卻不避諱對象，較為人所知的是他在戒嚴時期擔任立法委員時，多次針對警總的濫權行為提出質詢，如他曾在質詢時提到警總人員在機場集體協助販運毒品、警總將已無訊問需求者毆打致死等，並以這些事例表示警總的問題很多，希望警總能好好反省改善，不要讓百姓聽到警總一詞就生畏。

● 記住過去，是為了做出比過去更好的選擇

「現在好好的，管它過去幹嘛？」但回顧歷史，進行轉型正義，是為了可以更了解許多我們視為理所當然的事情是怎麼來的，並且現在可以做出更好的選擇。如果我們選擇遺忘，就代表我們選擇對不義的事情可以預先原諒。如果我們不賠償，也不追究加害者，裂痕不僅不會癒合，仇恨更不會消弭，甚至國家強迫遺忘，只會造成更大的對立以及衝突，更沒有辦法讓後代警惕，建立起穩定的民主文化。

我們重新看待過去時，引起社會緊張衝突是在所難免，這就是專業處理轉型正義的關鍵，要如何記憶、如何檢視過去而不會造成社會對立，才是達成真正的和解。

而這也都是我們要繼續努力的事。

億元議員的
逃亡日誌

2003
九月
25
前高雄市議員朱安雄
賄選逃亡中國

2003年9月25日，
前高雄市議長「朱安雄」涉嫌賄選案定讞，
被判1年10個月。

● 一票千金，喔不，一票五百萬

　　朱安雄擔任過監察委員以及高雄議長，同時也是「安鋒鋼鐵」的負責人。「安鋒集團」陸續傳出經營問題時，朱安雄沒有想解決，反而想從中獲取政治能量。朱安雄的野心不是來自政治理念，而是鈔票。在議長選舉時，他以每票五百萬元的代價買到議員的支持。東窗事發後，朱安雄被法院以妨害投票等罪判處有期徒刑1年10個月定讞。朱安雄潛逃中國至今，妻子吳德美因涉及安鋒集團業務侵占、逃漏稅等罪，被判刑8年6月定讞，最後在保外就醫後過世。

　　朱安雄潛逃到中國以後至今仍在海外；女兒朱挺玗在2018年差

點成為韓國瑜市府的海洋局局長,且朱挺玗曾在 2008 年高雄市議員選舉,因為賄選被法院判決當選無效。

● 賄選三部曲,要求、期約、交付

提到賄選,大家想到的都是一手交錢一手給票,但法律上的規定並不僅止於此。不管是「要求對方投給你」、「說好要投給你」、「請先付款」,只要做到其中一點,都能單獨成立行賄。行賄罪,是指對「有投票權人」進行「要求」、「期約」或「收受」。因此有人在地方議會議長選舉鑽漏洞,議員選舉階段就有議長「準」候選人,為當選議員後的議長選舉鋪排。但最高法院也針對這個玩法作出決議,在選舉階段就先完成行賄、收賄,若日後真的當選議員並履行條件,不會因「賄賂時還沒選上」而影響犯罪成立。

● 地方的老大都是怎麼誕生的?

有些當然是靠實力,也有些是靠政治資本滿足家族利益的企業。但可能本身能力不足,改朝換代後無法再透政治力施壓政府,過往航髒勾當便被揭發。例如安鋒鋼鐵透過灌水財報、虛增營業成本等方式超貸及掏空公司,相關集團留下一百多億的呆帳。

討論臺灣的地方政治,必須知道「恩庇侍從主義」,是指有權力的一方透過寡占性經濟利益交換獲得派系政治支持。例如,你支持我,我就讓你開銀行、掏泥沙。選舉時要找人在檯面下大灑幣,錢都交給你發,讓你賺「手續費」。而恩庇侍從模式要成功必有幾個關鍵,例如沒有反對黨存在、沒有黨內派系競爭、法院是你家開的、情治機關是你掌握的、受限的媒體自由。

在臺灣,學者吳乃德便是研究「恩庇侍從主義」的專家,而吳乃德就是風靡政壇的新星吳怡農之父。

批評政府，
流亡海外

2017

九月

27

新加坡少年余澎杉，
得到美國政治庇護

2017 年 9 月 27 日，18 歲新加坡少年余澎杉，
罵李光耀「獨裁者」，受到美國政治庇護。

● 批評政府的少年

　　2015 年，新加坡少年余澎杉（Amos Yee），在 Youtube 上發布一支影片〈Lee Kuan Yew Is Finally Dead〉（李光耀終於死了），批評剛逝世的新加坡前總理李光耀是「獨裁者」，新加坡社會「貧富差距極大、沒有言論自由」等相關言論。結果，余澎杉被新加坡當局以「散布猥褻物品」、「蓄意傷害他人宗教情感」及「滋擾」罪名起訴。當時年僅 16 歲的余澎杉，被法院認為有精神疾病，而拘禁在精神病院，最後新加坡法院判 4 星期徒刑。

　　同年年底，余澎杉再發表批評伊斯蘭教的言論，新加坡當局以「冒

犯基督徒及穆斯林宗教情感」等罪名，判處 6 星期徒刑。余的律師指出，余澎杉兩度身陷囹圄期間，曾遭路人甩巴掌，入獄後亦受到不人道對待。

● **美國：受到政治迫害，准許政治庇護！**

2016 年底，余澎杉持旅遊簽證前往美國，尋求政治庇護。後來，芝加哥移民法庭裁定准許政治庇護，法官認為，新加坡當局對於余澎杉的起訴、拘禁及虐待構成對政治言論的迫害，並定位余澎杉為「政治異議青年」。 判決也指出，有證據顯示，新加坡政府常以「煽動性言論」定罪異議分子，新加坡當局的起訴，目的也只是為了要余澎杉閉嘴不再批評政府。

● **什麼是「庇護」(asylum)？**

所謂「庇護」，是指一國准許遭受母國或他國迫害的外國人，進入其領域而受保護，並且不可以將該外國人驅逐或引渡到其他國家。目前聯合國沒有針對庇護的國際性公約，只有不具有法律拘束力的《領土庇護宣言》。因此一國是否給予外國人庇護通常是基於國內法規範，而我國國內法規目前並沒有明確的規範庇護的條件和程序。

但是國際法規範有規定，《世界人權宣言》第 14 條第 1 項：「人人為避免迫害有權在他國尋求並享受庇身之所」。換言之，特定情況下基於人權的考量，應該給予尋求庇護者庇護的權利，通常是屬於政治犯的良心犯。

除了政治犯，依據國際習慣法的「不遣返原則」，通常一國也會給予難民、或可能遭受母國酷刑的國民庇護。就像新加坡少年余澎杉所言，他只是想去一個「容許我表達政見」的國家，成為一個自由人。

就像臺灣人一樣，在這塊土地上，現在不用擔心我們在政治上用評價來批評政府，而失去人身自由。

為了孩子
赴湯蹈火，
不幸喪命

1998

九月

28

健康幼兒園
火燒車事件，
林靖娟老師
紀念雕像落成

1998年9月28日，在臺北市立美術館的公園前，
林靖娟老師的紀念雕像落成。

● 一場大火，徒留傷痛

1992年，臺北市私立健康幼稚園舉辦校外教學，其中一輛遊覽車在行經桃園縣時，車上的變壓器因為太過老舊而短路，引發電線走火，又因為座椅下堆放了易燃物，導致火勢迅速蔓延，數十位孩童及老師就這麼被包圍在火場中。失火當時，駕駛先是打開右前門，再前往後方的安全門。沒想到，安全門的把手因為年久失修完全打不開，而隨車老師前去拿滅火器，也赫然發現滅火器早已過期，根本派不上用場。

在這個危險時刻，而林靖娟老師更是不顧火勢，將幾名孩童救出

以後，再度進入火場搶救剩下的孩童，遺憾的是，當路人從林老師手中接過幾名孩子後，車內發生爆炸，林靖娟老師、2 位家長以及 20 名孩童因而喪生，其中 2018 當選新北市長侯友宜的孩子，也在其中。

● 安全措施出了什麼問題？

事後發現，提供遊覽車的交通公司為了增加座位，自行更換座椅擠壓空間，司機也沒有檢查安全門是否能開啟。此外，該公司的其他幾輛遊覽車，都同樣有「安全門開啟」和「滅火器使用期限」的問題。

交通部公路總局修訂《道路交通安全規則》，要求大客車車內的部件也要符合一定規定，例如安全門的高度、寬度以及座椅間的距離等，而各類車輛應配置的滅火器種類、有效期限和位置等也有詳細的規定。2012 年教育部發布《學校辦理校外教學活動租用車輛應行注意事項》，要求學校租用遊覽車時，於契約中載明車齡原則要在 5 年以內。另外，也發布命令規定幼兒園幼童專用車的規格和車齡等。

● 欽佩之餘，更應反省

該幼兒園後來被臺北市教育局撤銷立案並且命令停止招生，隔年，幾名罹難者家屬共同成立「靖娟兒童安全文教基金會」，長年致力於推動兒童安全法令的修訂。時任總統李登輝有感於林老師捨身救助孩童的精神，邀請雕刻家為她雕塑雕像。1998 年雕像落成，現在仍放置於臺北市立美術館美術公園，而後忠烈祠更將林靖娟老師的牌位入祀，她成為第一位非國軍的烈士。

今日交通安全法規的改進，是無數條寶貴生命的犧牲換來的。林靖娟老師的精神縱然令人感佩，但如果事發前做好檢查，避免任何一件疏失的發生，或許就不必在事後徒留遺憾。

臺中最大的
議會弊案

2013

30

九月

前臺中市議會
秘書長收取回扣

2013 年 9 月 30 日，
臺中市議會爆出了史上最大宗的弊案，
檢調清晨前往議會搜索，秘書長陳健楷收取回扣曝光，
遭收押禁見，並接連爆出其他不法借牌投標案等，
估計不法金額超過 5 千萬元。

● 史上最豪華的議會與史上最大的議會弊案

　　臺中市在縣市合併後，砸下 26 億重金打造全臺最氣派的新臺中
市議會。然而議會大樓落成後，各種問題接踵而來，不但不敵颱風來襲，
多處漏水不堪使用外，更爆出了收回扣的醜聞，讓豪華議會顯得格外
諷刺。

擔任秘書長陳健楷，利用親自視察現場或主持相關會議時，對承包商施工時所產生的垃圾、公安等問題加以責難，並責罵「沒有照規矩做，沒有照程序走」、「工程款不是你們認為 OK 就 OK！」等語。廠商在聽懂暗示之後，便決定給秘書長一些好處，免得備受刁難，於是便塞了 500 萬到秘書長的口袋。

此外，秘書長打算將一件議會工程，交給甲施作，要求只要甲給他工程款的 40%，就會想辦法護航讓甲得標。之後不僅讓甲負責規劃設計與施作，更讓負責採購的評選委員由甲來決定誰擔任，賄賂金額高達 1,200 萬。

● 拿黑錢能安心嗎？

後來查出陳健楷不僅養小三，更有賭博習慣；不只簽賭職棒，更拿錢託人去澳門賭場索取籌碼。人民的納稅錢，本來該用在建設上的經費，竟被他花在賭博上。至於收取回扣的方式，往往因為涉及金額龐大，如果直接匯款可能會被發現，改採用面交的方式。在本案中，頗令人意外的是，竟然選擇在金錢豹、新光三越停車場等熱鬧的地方大喇喇收下幾百萬的錢，也沒有客氣避嫌的。

下次在路邊或高鐵站等地方，看到有人拿著一個深色紙袋或行李箱，裡頭裝著滿滿的錢，除了是要去開珍珠奶茶店以外，似乎值得深入調查。

● 正義還是會來，法院制裁貪官

最後，儘管當初再怎麼風雲厲害，如今卻也被人人唾棄，除了犯罪曝光，犯罪所得全被沒收外，在 2019 年 8 月臺中高等法院判處陳健楷有期徒刑 13 年又 6 個月，下半輩子也得在監獄度過了。

OCTOBER

十月

人不是應該
生而自由嗎？

███████████████████

撕一貼百，
40年前就在做

1982

十月

1

從海報撕到連儂牆，
中國人一直在撕東西

1982年10月1日，
美國的北卡羅萊納州立大學發生「海報事件」，
不僅影響了臺灣留學生運動的發展，
也增強臺灣追求自由民主的決心。

● 選舉靠抹黑，種下反叛的種子

　　故事得先從1982年3月說起。

　　美國北卡羅萊納州大學要改選「中國同學會」會長，除了「全美反共愛國聯盟」推出成員羅耀春競選外，留學生郭倍宏也決定參選。

　　當時的國民黨及全美反共愛國聯盟攻擊郭倍宏，稱他拿了臺獨的

錢，準備預謀奪取「中國同學會」的領導權。之後全美反共愛國聯盟更推出特務學生周二南，準備參與會長選舉。郭倍宏在政見會上公開反擊之後，宣布退選。最後選出羅耀春與周二南分別擔任會長與副會長。

於同年 10 月 1 日，中國留學生組成的「中國（中華人民共和國）同學聯誼會」為了慶祝中國國慶，他們貼出了海報加以宣傳。很巧的是，「中國（中華民國）同學會」為了要慶祝中秋節，也打算在 10 月 2 日舉辦中秋活動。於是中國同學聯誼會的學生就「順便」將中國同學會的活動介紹也寫進去，再加上「中秋佳節倍思親，中國統一人人慶」等簡體字句，使人產生「中（華民）國同學會」也在慶祝中（華人民共和）國慶的聯想。

當時羅耀春、周二南兩位「中國同學會」正副會長，想將計就計，一反過去大大方方撕海報的模樣，偷偷將該海報介紹「中國同學會」部分撕去，想意圖嫁禍臺灣同學會，向「中國同學聯誼會」栽贓是臺灣同學所為。

● 敢做不敢當與敢作敢當的部分

郭倍宏和林國慶（臺灣同學會會長）二人獲悉後，對周二南及羅耀春二人想栽贓臺灣留學生的行為非常不滿。兩人於是在校內張貼二百張海報，以「職業學生周二南，民主口號最會喊」為主張，揭發他們

的醜行。

　　發現海報後的全美反共愛國聯盟的成員以及周二南又急又氣，要求校方交人嚴懲。

　　後來，郭倍宏和林國慶不僅大大方方地主動承認事情是他們所為，法院最後也以言論自由而不處理欺辱的部分，僅表示因為被告承認非法張貼廣告，應該繳納 31 元法庭費用作結。

　　這樣的結果，對海外臺灣留學生運動帶來相當大的鼓舞。不僅之後串聯出全美臺灣同學會，郭倍宏也成為了臺灣學生社社長。

● 如果是學校撕海報呢？

　　若反過來說，如果是在臺灣的學校，為了要避免政治爭議，而撕掉海報呢？我可以告學校嗎？

　　當然可以！但這是最近才發生的重大釋字。

　　在過去，國家認為學生是被管教的對象，所以學校對學生的管教行為，學生都無法對學校進行行政訴訟。直到後來有人因為被退學，但卻是直到開學才知道，覺得太誇張，因此最後聲請大法官解釋，大法官才說：「被退學這種喪失學籍的事情，才可以提起訴訟，如果只是被記過，那些不會造成你被退學的處分，就不可以提起訴訟。」

　　後來，又有一個大法官解釋，其認為「大學生」如果「基本權」受到侵害，即便不是退學，也可以讓「大學生」對學校提起訴訟。例

如在今天的故事裡，學校撕掉了學生的海報，這樣限制言論自由的行為，學生其實是可以對學校進行訴訟。

而到了 2019 年，大法官又再出一號釋字。這號釋字，直接告訴大家，除了大學生和其他學生，都可針對「退學」以及其他任何被記過的處分，向學校提起行政訴訟。

許多人質疑，這樣會不會讓學生開始進行大量的訴訟？甚至有不合理的訴訟？這號解釋一出來之後，馬上就有新聞標題下著：「學生抽菸、無照騎車被記過，可跟學校打官司？」讓大眾對於學生告學校這件事情感到質疑，認為小孩子什麼都不懂就要亂告。

但其實大法官在這號解釋裡面已經有所說明，學校的行為究竟是否侵犯學生的權利，還是要個案來判斷，當然不是說告就告得成。況且，如果對學生影響很輕微，也很難構成權利的侵害，法院也必須對學校的管理措施要保有比較高的尊重態度。

因此訴訟會不會贏，是個案問題。不過也算是對學生在憲法上的「訴訟權」有所保障了。

那個年代在學校的反抗種子，就這樣飄啊飄，飄過將近 40 年，意外地在別處落實成了學生具體的權利。

從完全沒有畫面，到陽光稍稍露面？

1997 年 10 月 3 日，大法官作出釋字第 436 號解釋，
宣告《軍事審判法》部分違憲。

● 體制檢討，在亡魂之後

　　1995 年，蘇煥智等 58 名立委提出釋憲聲請，主張當時《軍事審
判法》讓屬於「行政權」的國防部有「司法權」，侵害「權力分立原則」；
軍審法規定，軍事長官對軍法官的判決，有「核可」和「覆議」的權力，
有干擾司法獨立的疑慮。

　　1996 年，空軍作戰司令部福利站員工的五歲女兒，被發現陳屍
在水溝裡。在輿論壓力下，空軍成立專案小組進行調查，由於士兵江
國慶測謊未過，專案人員對江國慶刑求逼供，迫使他「被自白」而承
認犯行。

1997 年，即使國防部撤銷判決發回更審，軍法官仍判江國慶死刑。並在同年 8 月槍決。約兩個月後，大法官公布釋字第 436 號解釋，宣告《軍事審判法》部分違憲，江國慶卻與正義無緣。

● 當鐵幕後終於露出曙光

大法官認為，雖然《憲法》第 9 條規定，除現役軍人外，人民不受到軍事審判。但這也並不代表軍人一定要受到軍事審判，普通法院也能審判軍人。大法官也提到，軍事審判既然是「審判」，就是司法權，不能放在行政權。大法官也認為，軍事審判制度應要區分「戰時」和「平時」。其中，「平時」現役軍人的司法案件，若被軍事法院終審判處「有期徒刑以上」的處罰，應要容許被告在一定情況能夠再向「普通法院」請求救濟。

● 無奈沉冤，遲來昭雪

雖然釋字第 436 號解釋加強了對軍人訴訟權利的保障，卻未完全否定「軍事審判制度」的存在，而軍事法院也持續掌管現役軍人司法案件的審判。大法官後來在釋字第 704 號解釋也曾討論軍事審判制度，但最後並未做出改變。

2013 年，「洪仲丘事件」軍事檢察官反覆強調「完全沒有畫面」，引爆輿論不信任軍事審判制度，立法院也因此修正《軍事審判法》，讓和平時期軍人回歸普通司法體系審理。簡單來說，即便現在軍人犯法，雖然還是用《陸海空軍刑法》處理，但審判體系回歸一般法院，「軍事審判」只會在「戰爭時」使用。有人認為，「軍事審判制度」能讓軍隊迅速作出對軍人的處分，有利於管理；然而軍方層出不窮的弊端，人們也開始反思制度存在的必要。

今天，對軍人權益的保障已進步許多 —— 唯一的遺憾，是那些枉死的亡魂再也喚不回了。

人不是應該
生而自由嗎？

暢銷英文教材作者
柯旗化，被
「預備叛亂」再次入獄

1961 年 10 月 4 日，
因「思想左傾」才被「無罪感訓」完的柯旗化，
再度被誣陷預備叛亂罪，從此入獄 16 年。

● 柯旗化是誰？

　　如果你曾經看過《新英文法》這本英文教材，柯旗化就是其作者。
但柯旗化的身分不只如此，他還是白色恐怖的受難者，且兩次入獄原
因都非常莫名其妙。柯旗化生於高雄州，父母分別來自旗山、善化，
於是取名「旗化」。然而這個名字卻讓他「被叛亂」。

　　1951 年，柯旗化受同事牽連被捕，情治人員在調查柯旗化時發
現《唯物辯證法》，以這本書作為柯旗化思想左傾的證據，而「旗化」
二字也被認為「想要更換國旗」，簡直是叛亂「鐵證」。雖後來柯旗化

無罪，但還是被送到臺北內湖新生訓導處管訓，後又被移送綠島，直到 1953 年才被釋放。

● 柯旗化第二次入獄到出獄後的日子

柯旗化出獄後，結了婚也出版大賣的《新英文法》。這看似順遂的生活只持續 8 年。情治機關在調查反政府人士時，因嫌疑人與柯旗化交好，所以情治人員又注意到了他。嫌疑人在情治人員威脅利誘下誣陷柯，表示曾接受柯的政治訓練要進行政變等。於是 1961 年的今天，柯旗化被逮捕並進行殘酷的審訊逼供。

之後柯旗化被以《懲治叛亂條例》的「預備叛亂罪」判處 12 年徒刑，送到綠島服刑。刑期屆滿後，柯旗化並未因此獲得自由，反被莫須有的原因繼續監禁，從有期徒刑變成無期徒刑。直到 1976 年，柯旗化才重獲自由，這一晃就是 16 年。

當時政府並不信任叛亂犯這些「感染者」在出獄後真的能自新，所以政府透過許多法令，將這些服刑完的叛亂犯分類成「新生分子」，並透過情治、警察人員監控，避免再犯。除戶口查察，警察人員還會透過親人、線人等監控「新生」的生活狀況，判斷是否「復發」。由於只能從外觀判斷是否是匪諜，也因此有許多荒謬的情境，比如《防諜常識》中就認為，言語與行為不一就有匪諜嫌疑，並舉例「外表幹練」卻「動作遲鈍」，就是「不當之處」；如果大小號特別久，又更可疑。柯旗化就在 1975 年出獄後持續受監控，比如他抨擊時政或者 228 事件的言論都會被蒐集，雖這些言論都未曾再使他被送入監獄。

柯旗化的一生，都是因思想不符當政者的意思才身陷牢獄，出獄後還要受監控。生在當代的我們大概很難想像連腦袋想什麼都要被管，會是多麼壓抑且恐懼的景象。

記者有沒有特殊權利？

2000

十月

5

中時晚報，
抗議檢察官濫權搜索

2000年10月5日，「全國大眾傳播業工會」發起抗議，
多名媒體從業人員在臺北地檢署前指責檢察官濫用「搜索權」。

● 當國家安全撞上新聞自由

　　2000年，前國安局出納組長劉冠軍的銀行帳戶，被發現有大量不明資金流入。在檢察官偵查過程中，《中時晚報》將幾名關鍵人物的「偵訊筆錄」內容，一字不差刊登在報紙上。檢察官就認為《中時晚報》內一定有「偵訊筆錄」的複本，為避免洩漏國家機密，檢察官先是約談幾名記者和編輯，要求編輯保證報社沒有「偵訊筆錄」的資料，又與警員一同前往《中時晚報》報社，封鎖辦公大樓進行搜索，最後只帶走一張新聞晚報的規劃稿。

檢察官搜索行動引發媒體從業人員不滿，認為檢方已經侵害了「新聞自由」。「臺灣人權促進會」更發出聲明，表示「國家安全」不能成為侵害人民權利的藉口，並且質疑檢察官的搜索並沒有正當理由，有濫權的嫌疑。

● 為何要搜索報社？

　　若報社內真藏有「偵訊筆錄」，內容一旦外流，就會讓外界對相關人士「未審先判」，或是讓潛在的共犯早一步湮滅證據，檢察官對這樣的資料有扣押的必要。而《中時晚報》的報導讓檢察官相信，報社內確實有這樣的資料。然而按照當時《刑事訴訟法》規定，搜索時應該出具的「搜索票」，由「檢察官」簽發，也就是說，檢察官有權力發動搜索。

● 掌握權力，更應小心

　　因此在 2001 年，立法院修正《刑事訴訟法》，簽發「搜索票」，改成要「法官」同意，讓法官當公正第三人的角色，就個案判斷檢察官行使「搜索權」的必要性，以保障人民的權利。但在某些緊急情況下，雖然沒有搜索票，檢察官還是能直接進行搜索，以免緩不濟急。

　　當有刑事案件發生，媒體確實應自我約束，不該為了「搶快」或「獨家」，干擾檢調人員辦案。檢察官也應落實「偵查不公開」的原則，避免洩漏案情消息，尤其檢察官掌握權力，更應時刻小心，以免伸張正義不成，反而侵害人民權益。

這樣搞錢，
真的可以嗎？

2003

6

十月

國民黨大掌櫃劉泰英
的國安密帳案

2003 年 10 月 6 日，
國民黨大掌櫃劉泰英被五度聲押。

● 為了鞏固南非外交而生的國安密帳案

　　人稱泰公的劉泰英，是管理國民黨千億黨產的傳奇人物。

　　劉泰英在李登輝器重下擔任國民黨投管會主委。1993 年時，時任總李登輝為鞏固與南非的外交，捐贈 1,050 萬美元給予南非執政黨，作為南非重建發展計畫基金，進而換取曼德拉「不斷交」的承諾。

　　但是當時立法院並沒有這樣的預算，李登輝便指示外交部，動支國安局專供元首使用的「奉天專案」款項，由國安局長配合墊款。

● 國安法制欠缺下的侵占公款

如此欠缺法律規定運用預算，很容易產生問題。

在外交部還款前，國安局已用自身的經費結餘款去墊，因此帳上大概剩下八千多萬的差額。所以在收到外交部還款的 1,070 萬美金之後，帳上竟平白無故多了 770 多萬美金。這筆收入本來應該是國安局預算外的收入，雖然是列暫收款，但按照會計法規，還是要解庫列入結算。但是，當時卻被指示要將該筆經費撥入財團法人臺灣綜合研究院作為研究經費。

法院認定，劉泰英與當時國家安全局局長基於共同犯意，將屬於「鞏案」歸墊款的「奉天專案」經費 750 萬美金公款，存入國外人頭帳戶，並換成美金旅行支票，再指示不知情的國安局會計長交付劉泰英收受，還利用不知內情的人，兌換成新臺幣。最後，再以人頭捐獻的方式，充作臺灣綜合研究院財產。

劉泰英後來也被臺北地方法與一審認定犯「共同貪污侵占公有財物」及「洗錢」等罪，二審臺灣高等法院，判處有期徒刑三年。

● 其餘案情，事涉機密，歉難提供

關於國安密帳案的相關審理內容，按照最高法院的新聞稿來看，就是八個大字「事涉機密，歉難提供」。

而關於國安局預算的制度化，解嚴後在李登輝執政時期進行了第一階段的的集中化，原本分散的祕密預算開始集中管理，直到陳水扁執政時期再陸續收繳國庫。

　　而相關法規的修訂如《國家安全局組織法》及《國家情報工作法》，甚至是若干寄列於其他政府機關的預算案應如何處理，則是直到了馬英九府及蔡英文政府時期才有陸續的立法因應。

　　國安局最早是出現在 1954 年，但這樣的組織卻沒有任何的法律依據及規範。一般來說，我們理解的「依法行政」，就是國家機關在行使公權力時，必須要有法律依據，但按照上面所說的，1954 年出現的國安局，卻在 1994 年才法制化，這代表有長達 40 年國安局是在法律上不存在，但卻可以有很大的權力來限制人民權利。

　　而這個神祕組織，至今還是有許多人並不知道內部的權力運作。

● 打破國安局的祕密？

　　在國安局裡面，有許多過往在威權時代時發生一些事件的史料，在進入民主時代後，社會想要知道真相，例如林宅血案等。

　　因此臺灣在 2018 年時成立了《促進轉型正義委員會》，而促轉會根據《促進轉型正義條例》規定，如果要調查相關案件，是可以要求相關機關來給予資料，但這樣神祕的國安局給了一個答案：「林宅血案涉及國家安全的情報來源，拒絕給予促轉會調查，且將列為永久機

密。」

在 2019 年，立法院通過了《政治檔案條例》，該法律希望可以對於威權體制、國家總動員、戒嚴、動員戡亂時期以及二二八事件之歷史研究與公民之轉型正義教育，公開真相並促成社會和解。

其中有規定，政府機關要盡快將檔案整理做成清冊且交給檔案局。例如國安局就要應該要依法律來解密檔案，並把它轉給檔案局，促轉會就可以依此進行調查。但同時也有規定，如果有些資料涉及國家機密，公布可能會造成國家的安全或是對外關係時，是可以延長檔案 50 年再公布。

但大家關注的林宅血案，國安局就是延長到 50 年才能公布，因此要到 2030 年時我們可能才會知道這個動搖國本的機密檔案。

● 從威權獨裁走向民主法治的百廢待舉

從威權獨裁時期走向民主法治的日子，我們不難發現在過渡期間爆發了許多弊案與醜聞，大多都是因循著往例、或是沒有意識到過往制度的欠缺。

當我們從威權獨裁走向民主法治時，必須解決哪些規定應該制定清楚，哪些舊法規應該改變，才能從根本上解決制度引發的弊端。

唯有堅強的制度，才是壯闊臺灣的必經道路。

反攻大陸
統一中國
的夢醒時分

1990

十月

7

李登輝政府，
成立國家統一委員會

1990 年 10 月 7 日，
時任總統李登輝，宣布成立國家統一委員會。

● 這個委員會在幹嘛？

　　國家統一委員會，簡稱國統會，為中華民國歷史上曾出現的一個
特殊政府機構。而這個「國統會」不是法定機關，而是隸屬在總統府
的任務編組單位。1991 年，國統會通過《國家統一綱領》，作為對中
國政策的最高指導原則。內容除了宣示「大陸與臺灣均是中國的領土，
促成國家的統一，應是中國人共同的責任」，也制定了「交流互惠」、「互
信合作」、「協商統一」等三個達成「中國統一」的階段。

國統會設立後共舉行十四次會議，最後一次集會是在 1999 年美國總統柯林頓訪問中國後召開，那次集會已經沒有追求「國家統一」的結論，而是強調朝「縮小雙方發展差距，促成兩岸融合」說法，並且強調「促進雙方關係正常化」。陳水扁總統上台以後，國統會議便沒有再召開過。更在 2006 年，宣布國統會正式「終止運作」，同時《國統綱領》也「終止適用」。

● 終止的原因是什麼？

　　「國統會」在政黨輪替後便漸漸終止運作，其設立方式被詬病為沒有法源依據的任務編組。此外，《國統綱領》也並非透過具法定意義的國家機關所制訂，而內容僅為政治宣示，並不具法律上約束力。按目前政府於終止公告上所提「中華民國的國家主權屬於全體人民，任何與國家前途的改變，只有全體 2,300 萬人民有權決定」。既然近年來不少國內民調均顯示，主張兩岸維持現狀，那麼「國統會」及「國統綱領」終極統一目標，便與全體民意背道而馳。因此，終止國統會除了節省國家不必要的開銷，也使國家機關的運作更具有一體性。

● 早知道傷心總是難免的

　　2015 年，李登輝曾在演講場合提到，1991 年終止「動員戡亂」時國民黨黨內仍有許多人懷著「反攻大陸」的幻想，於是他制定《國統綱領》因應。李登輝更提到《國統綱領》有很嚴格的規定，要中國自由化、民主化、所得分配公平之後，再來談統一問題，那是「故意這麼做的」、要講給「老先生」(意思是當時的黨國大老) 聽的。所以對沒有實質支配力的領土抱著一個夢想，或許是臺灣的一個特殊問題。

十月十日，
江國慶日

1975

10

十月

冤案之後，
我們該想些什麼

1975 年 10 月 10 日，是江國慶的生日，
是一位枉死在國家手上的人的生日。

● 江國慶案

　　1996 年，空軍司令部福利站員工的 5 歲女兒被人發現陳屍在福利站廁所後方的水溝，下體嚴重撕裂，小腸甚至斷裂脫落，下體也有明顯遭鈍器插入的痕跡。在輿論壓力下，空軍總部成立專案小組，且經過調查後有發現疑似犯案的兇器，經過濾後有 4 名士兵有嫌疑，在測謊結果出爐後，江國慶沒有通過。

　　接下來的 SOP 你我都很熟悉了。經刑求及超過 24 小時疲勞訊問，江國慶最後坦承犯案，軍方拿到自白書後並宣布破案，但在起訴後江

國慶翻供，主張說是因刑求才承認犯案，但最後還是被判處死刑。國防部對判決進行覆審，認為證據不足且有刑求，所以撤銷判決發回更審。有多位立委也召開記者會，認為判決有重大瑕疵，但江國慶還是遭到槍決。經民間團體不斷努力，2011 年軍事法院再審，改判江國慶無罪確定，依照《刑事補償法》賠償江國慶家屬 1 億 318 萬元，最高法院也判當時擔任空軍總司令的陳肇敏等人賠償軍方 5,957 萬。

但每年 10 月 10 日，江國慶再也無法回到家裡與家人團聚。

● **冤案之後，我們或許該反思還能做什麼？**

關於冤案，除了追究刑求者責任外，更應思考案件從事件發生起，整個刑事司法系統到底發生多少錯誤？如在江國慶案中，是否限期破案讓偵查人員無法審慎查案？是否急欲破案所以濫用鑑識證據？自現代刑事司法系統出現後，我們不斷在錯誤中學習，其中因冤案導致的改革最讓人心痛。如 1980 年王迎先因案不堪刑求而自殺後，《刑事訴訟法》修法讓嫌疑人在偵查中也能選任辯護人。而在江國慶案，當時刑求的陳肇敏等人，因過了追訴權時效所以最後檢察官不起訴，這也引起許多人討論追訴權時效問題。不論追訴權時效好壞，江國慶案也間接導致追訴權時效的修改。

有在關注臺灣司法歷史的人，都能說出不少冤案。這些冤案除了逼使掌權者須改革制度外，不在體制內的我們也能從中理解，再怎麼先進的科技終究是有缺陷的人類在操控，再怎麼嚴密細緻的體制規定也可能出錯。

所以在追求正義的時候或許應先緩下來，讓案件有被重新審視、進而發現錯誤的機會。

臺北到處
有炸彈

2004

十月

11

「白米炸彈客」楊儒門，
訴求政府
不要開放稻米進口

2004 年 10 月 11 日，
在臺北車站捷運板南線往淡水線的男廁裡發現爆裂物，
包裹紙盒上寫著「炸彈」，
以及「不要進口稻米，要照顧農民」等字眼。
警方研判，應是曾多次犯案的白米炸彈客所為。

● 多次犯案，「不要進口稻米」訴求

2003 年 11 月 13 日，在臺北大安森林公園男廁曾發現爆裂物；
同月，在財政部附近的電話亭內也發現有紙盒上寫著「炸彈」、「不要
進口稻米，政府要照顧人民」。後續又有多起類似事件，因此媒體開
始以「白米炸彈客」稱呼犯案者，當事人也曾同樣以「白米炸彈客」
為名投書媒體，坦承犯案並要求政府不要進口稻米。

2004 年 11 月，犯案者楊儒門落網，白米炸彈客事件落幕。一年
多來，他曾放置爆裂物 17 次。

● 後來故事怎麼發展呢？

　　臺北地院判處楊儒門有期徒刑 7 年 6 個月，併科罰金十萬元；上訴二審，高等法院仍判處有期徒刑 5 年 10 個月，併科罰金十萬元。2005 年，楊儒門絕食抗議 WTO 第六次部長會議，訴求農民公平交易、而非追求自由貿易，他的訴求獲不少社會團體支持。隔年楊儒門因陳水扁總統特赦而獲釋。出獄後楊儒門積極參與農民權益運動，並曾擔任臺北農產運銷公司的董事。「白米炸彈」事件也曾在 2014 年被改編成電影。

　　2014 年太陽花學運反服貿之前，其實臺灣（甚至是國際社會）主流聲浪是推動自由貿易，但減免關稅情況下，我國產品雖更容易出口，但外國低價商品更易進口，因而衝擊傳統產業，可能導致部分國人生計受影響。楊儒門白米炸彈事件正是反映該現象。近年的 318 學運，除反黑箱外，反服貿的意見也是如此。

● 究竟為什麼要有特赦呢？

　　《憲法》本文第 40 條規定：「總統依法行使大赦、特赦、減刑及復權之權。」並且按照《特赦法》規定，總統可直接透過命令，由主管部發證明於受赦免人。為什麼要有特赦？試想，國家若面臨民主轉型，在獨裁時代受威權法律判決的「政治犯」該怎麼辦？如在美麗島事件中那些爭取民主的前輩，所作所為只是民主時代中正常的行為，卻遭軍法重判多年，這又該怎麼辦？這時就是總統透過特赦，得到社會和解的時候。也因此時任總統李登輝也特赦了這些爭取民主自由的政治犯。

　　特赦是否為總統的「特權」？當然是，但它是一種特殊權力，讓國家社會和解前進。在下次有特赦時，或許我們可以好好思考，究竟為什麼要特赦，而不是跟著新聞標題生氣而已。

打假球，
職棒迷心中
永遠的痛

2015
十月

12

心酸的
臺灣棒球歷史

2015 年 10 月 12 日，
林智勝成為中華職棒第一個拿到 30 轟 30 盜的球員。

● 雨刷與議長的假球帝國

　　隨著 Lamigo 出售給樂天，這段 2003 年開始的棒球經營傳奇暫時畫上句點。球團最初以 La New 熊的名稱落腳澄清湖，變成 Lamigo 桃猿隊的「全猿主場」。這世代的球迷、球員共同經歷的歷史是中華職棒的職棒簽賭案。在黑鷹事件後的幾年，歷經兩聯盟合併，本以為風波已過 —— 沒想到 2008 年連環爆發簽賭案，讓中華職棒再次蒙上陰影。

　　綽號「雨刷」的黑道人物蔡政宜，與曾任臺南縣議長的吳健保為了可在賭博中穩操勝算，暴力脅迫及利誘，並先後要求鯨隊、熊隊、象隊的球員在球賽中配合打放水球。並在確定運作特定場次後，讓自

己的小弟到各地下簽賭網站下注。當年新聞甚囂塵上時，幾乎所有球星都在假球名單之列，其中也包括林智勝，然而事件落幕後清白者獲得清白，但法院的清白不等於重返舞台。當年有「城島峰民」的鐵捕陳峰民雖獲得無罪判決，但仍無濟於延續其職業生涯。

● 詐賭不是賭，而是詐欺

預先準備好打假球再進行賭博，到底算是詐欺還是賭博罪？法律對賭博的定義是，以偶然的輸贏，決定誰可以贏得賭資；但是詐賭卻是讓對方「以為」還有偶然性，結果發生後還乖乖給錢，就會變成詐欺而不是賭博。所以不管是打假球還是要求別人打假球，所涉及的犯罪條是「詐欺」而不賭博罪。

● 正視歷史才會邁步向前

在一段卓君澤與周思齊的訪談中，周思齊提到在中華職棒三十周年特展中，關於中華職棒假球事件、米迪亞事件，在特展中都被抹煞了。假球案就像是中華職棒大聯盟永遠不能揭開的瘡疤，短短三十年間就歷經黑鷹、黑熊、黑鯨、黑米、黑象事件，這樣的黑歷史是球團、球員、球迷心中的痛。

2019 年法律白話文運動和司法院共同舉辦「司法你主場：球場之外，法律之內」的講座，請了法官、球員工會主任及統一獅隊球星高國慶談假球議題。大家都認為現況底下的規範其實對球員保障十分不足，再者，涉及假球事件的球員中，有許多人並未被司法程序判定有罪，甚至不起訴，但後來都面臨無法重返球場、進入教練體制等結果。這對環境進步和球員的努力其實不公平，也不符合比例原則。

然而如果我們遺忘或埋藏這段歷史而不正視，那不只傷口永遠無法結痂，也無法避免下次受傷。

神祕的兩顆子彈，
射穿了憲政秩序

2004

十月

14

《三一九槍擊事件
真相調查特別委員會
條例》釋憲案

2004年10月14日，
司法院就《三一九槍擊事件真相調查特別委員會條例》
是否違憲，展開第一場言詞辯論。

● 什麼是真相調查委員會呢？

　　2004年總統大選，總統陳水扁與副總統呂秀蓮爭取連任，迎戰國親兩黨整合的連戰及宋楚瑜。在投票日前一天，陳水扁與呂秀蓮在搭吉普車掃街拜票時，兩人分別於腹部及膝蓋遭槍擊。隔天投票日，扁呂以約三萬票差距擊敗連宋順利連任。選舉結束後，連宋陣營提出選舉無效之訴，更以藍營在國會立委多數之優勢，於當年八月三讀通過《三一九槍擊事件真相調查特別委員會條例》（簡稱「真調會」），設置特別委員會。

此條文也引起民進黨不滿，因真調會組成方式是依立法院中政黨席位比例分配委員數量，勢必將由藍營主導真調會，且該真調會的「權力」有侵犯「檢察權」、「司法權」、「行政權」、「監察權」等疑慮。民進黨立院黨團因而認為真調會條例有違憲疑慮，提請大法官解釋。

該釋憲案也產生第一次大法官迴避。因在釋憲前，兼任大法官的司法院長翁岳生及同為大法官的副院長城仲模因曾與立法院聯繫本案，因此兩人自請迴避。另外，這也是憲法法庭首次對同一案件，分三天舉行辯論。

● 最後怎麼了呢？

大法官最後做出釋字第 585 號解釋，認定真調會部分條文違憲。大法官認為條例中認為 319 槍擊案是「真調會」專屬管轄，也就是只有真調會能調查，檢察官不可以 —— 這實在太超過，不應是立法院下調查委員的權力，因此違憲。

另外條例中也規定，真調會不受《國家機密保護法》、《營業祕密法》、《刑事訴訟法》及其他法律規定限制，且被請求調查的機關及人員也都不可拒絕，大法官也認為逾越立法院調查權所得行使之範圍。甚至本調查會調查的結果，可以作為再審開啟的發動，大法官也認為再審啟動與否應是法官的權限，不應該被真調會架空。

本號解釋也肯定了我們的立法委員有所謂的「國會調查權」，讓國會進行監督時可取得一些必要資訊來做成是適當的決議措施。但若發現有違法之處，也要移送司法單位，畢竟國會追的是政治責任。

神祕的兩顆子彈，成就了我國憲政權力分立重要的大法官解釋。

臺灣黑道
去美國殺人

1984

十月

15

黑道跨國殺江南

1984 年 10 月 15 日，
作家江南在美國家中，被情報局指使的黑道三槍斃命。

● 江南案是什麼？

　　1984 年 10 月 15 日，竹聯幫幫主陳啟禮以及他的手下吳敦與董桂森，奉情報局長汪希苓的命令，到美國槍殺筆名江南的美籍作家劉宜良。情報局長之所以下令槍殺，是因他們認為江南是在美的情報人員，但卻屢次放出情報給美國，所以派了三個想洗白的幫派分子，執行愛國的「鋤奸計劃」。

　　江南案至今仍有許多疑點，比如江南的身分是單純作家或情報人員？授意暗殺的高層只到情報局嗎？這些問題難以解答，但這場暗殺行動背後的政治因素都令人玩味。

● 黑道是政府養的？

政府與黑道間有著錯綜複雜的關係，政府之所以選擇與黑道配合，較為直觀的想法是政府可以透過黑道的手做一些違法的事情，也有文獻指出黑道與地方經濟、派系選舉等都密不可分。黑道除傳統的經濟行動如收保護費、討債、經營地下賭場等外，也會成立公司行號，如環保清潔公司、證券金融業，甚至是公共工程的圍標等。

黑道就算經過政府數次掃黑，勢力仍存在於一般經濟活動中，他們的身影也會在政治中浮現，如用來掃黑的治平專案中，多次移送的流氓中都有民意代表出現，其中不乏知名的人。像是刑案纏身但還是當選屏東縣議長的鄭太吉、曾經槍殺黑道卻還是當選雲林縣議員的劉奇訓等，都是有黑道背景的民意代表。除了民意代表，也有學者指出戰後國民黨政府協助幫派成長，利用幫派深入鄉鎮、化解其他黑道勢力等，寄望能夠順利統治國家。

● 臺灣民主的關鍵？

江南案便是其中最為出名的大案，爆發江南案後臺美關係緊張，許多學者更認為這是導致後來美國施壓促進臺灣民主化的關鍵。

因為在經歷 1979 年的美麗島事件，再加上臺灣在江南案後不論在社會外部有民眾呼籲民主的轉型聲音，美國更在江南案後對臺灣在政治上施予更多的壓力，種種眾多因素也讓臺灣慢慢走向民主化。

你看過法官經營色情行業嗎？

2000
十月
16

李東穎法官
包庇色情行業，
被監察院彈劾

2000年10月16日，臺南地方法院法官李東穎，
因包庇色情業者開業，監察院通過對李東穎的彈劾案。

● 李東穎是誰？

　　李東穎從1996年起當法官，在臺南地方法院承審重大貪瀆案件的刑二庭任職。並以藝名「李知遠」任補教名師，也出版許多書籍。被稱為「李大哥」的李東穎，在妻子懷孕期間到掛牌為「午夜城」和「萬麗」的護膚店 認識一名服務他它且兼任護膚店股東及會計的女子，綽號為「小萱」。該護膚店是以指油壓為主的色情行業，且允許店內服務小姐與男客人從事性交（俗稱全套）與口交（俗稱半套）的性交易行為。李東穎和小萱關係日趨密切，且明知午夜城護膚店有「半套」及「全

套」性交易行業違法，還是包庇午夜城護膚店營利行為，甚至積極介入經營成為股東。李東穎更在護膚店多次被臨檢查獲時親赴關說，遞名片表明自己是法官，表示負責人是他的「線民」，需要線民來搜集「證據」，要警察多多「照顧」。後來午夜城護膚店涉嫌妨害風化一案，又剛好是李東穎承審，本案最後讓實際負責人無罪，而人頭負責人則妨害風化罪成立。

● 法官說法官有罪！

此事東窗事發後，法院認為李東穎意圖使護膚店服務小姐和他人有性行為，以色情行業營利又以公務員身分包庇色情業營利。李東穎也明知人頭無罪，卻讓有犯罪的負責人無罪，人頭被判有罪，犯濫權處罰罪，又因貪汙、誣告罪，最後判處有期徒刑 12 年，褫奪公權 8 年，並遭監察院以行為不檢、違反公務員服務法等名義彈劾李東穎。

李東穎更在被判刑定讞後逃亡到中國珠海，成了兩岸司法互相協議生效以來，第一位被遣返的貪汙法官。

● 「彈劾」是什麼

在憲法的規範中，彈劾主要是監察院的職權。若中央或地方公務人員有「違法」是「失職」的事情，就可以被監察委員彈劾。彈劾之後會怎麼樣呢？最嚴重就是若被發現涉刑事案件，就要趕快送到司法機關處理。如在 2019 年監察院認定管中閔在當政務官時因長期匿名替週刊寫社論賺取高額稿費，認定他違法兼職因此彈劾。彈劾後案子送往「公務員懲戒委員會（法院單位）」，而最後裁處申誡。因此也有人批評監察院疊床架屋，和司法體系重疊；但也有人認為正因為監察院較為超然的地位，才可以抓出國家更多弊端。因此監察院的存廢問題，看來還會繼續討論下去。

核四到底
要不要蓋

1996

十月

18

蓋不出來的核電廠,
生出
一號大法官解釋

1996 年 10 月 18 日,立法院通過核四覆議案。

● 一座核電廠,埋下爭議

　　1980 年,臺灣電力公司提出「核能四廠第一、二號機發電工程計畫」,將於臺北縣貢寮鄉建廠。由於當地居民反對及數年後發生「車諾比事件」引起疑慮,時任總統蔣經國指示暫緩興建,預算也被立法院凍結。1992 年,行政院回復「核四計畫」,立法院也恢復動支預算,後來立法院通過民進黨立委提案,廢止所有核電廠並停止預算、繳回國庫,行政院則提出「覆議案」。兩黨委員在立院發生衝突,最後在國民黨多數優勢下廢止了原決議。

2000 年，行政院經濟部召開「核四計畫再評估委員會」並暫緩工程採購及招標，時任總統陳水扁為緩和在野黨敵意，分別會晤在野黨重要人士，但時任行政院長張俊雄宣布停止執行立法院通過的核四預算，再度引起在野黨不滿。同年，立法院通過在野黨提案，認為行政院違法失職，函請監察院彈劾行政院長及相關人員，行政院聲請大法官解釋，大法官在 2001 年作成釋字第 520 號解釋。

● 預算能不能停？

大法官認為，預算若涉及「重要政策」變更，例如今天行政院要凍結核四預算，應該尊重立法院對「國家重要事項」的參與決策權，行政院長也應提出報告並於立法院備質詢，立法院則應聽取報告並作出決議。

有趣的是當釋字第 520 號解釋一公布，執政黨和在野黨都覺得自己占了優勢，行政院認為仍有權停止執行核四預算，只是需要補正「程序瑕疵」；在野黨則認為只要立法院作出決議，行政院就無法一意孤行。

學者們也紛紛對釋字內容提出見解，「重要政策」如何界定？「預算案」對國家機關的「拘束力」究竟如何？立法院若作出反對行政院的決議，行政院是否一定要接受？這些問題都留下解釋的空間。

核電爭議並沒有因釋字而停止。數十年來，每到選舉期間，核電議題又會成為候選人討論的重點。核四雖遭政府的封存，看似暫時畫下句點，但是有民間團體提出「重啟核四」的公投，因此核四的爭議會持續下去。

廢水從日排到夜的日月光

2014

十月

20

深紅色的後勁溪，
你還記得嗎？

2014 年 10 月 20 日，高雄地方法院判決，
日月光半導體製造股份有限公司高雄工廠，
違反《廢棄物清理法》處罰金三百萬。

● 看見臺灣的美麗，也看見臺灣的哀愁

　　還記得《看見臺灣》這部紀錄片嗎？齊柏林導演以空拍的方式爆出高雄後勁溪慘遭汙染，整條溪從空中俯瞰，呈現令人作嘔的深紅色。

　　日月光的處長、主任及 A、B 二位為廢水處理工程師，皆知道工廠產生的廢水含鎳、銅等有害人體健康重金屬，須先透過廢水處理系統處理後才能將廢水向外排放至後勁溪。如果廢水 pH 值經系統處理

後未能達排放標準，要添加液鹼以調整酸鹼，若仍無法有效改善則應依啟動廢水處理應變措施再處理，而無法改善水質時就應停工。

● 但日月光卻這樣做！

2013 年某日，日月光委託廠商至「K7 廠」更換設備，因施工人員未通知廠內人員停止程式設定，導致施工期間內系統不斷自動補充鹽酸，造成「K7 廠」廢水處理系統中的廢水 pH 值急遽下降（過酸）。廢水過酸讓運作程序發生異常，無法有效處理對人體有害重金屬，最後放流水中的鎳、銅及懸浮固體含量均逾越法定排放標準。A、B 二人先大量投放液鹼後，仍未有效調整 pH 值，A 便向主任報告 —— 但此時主任卻未有任何具體指示。

● 被抓到就死不認錯，被罵就改遊戲規則

其後，環保局人員巡察後勁溪發現水質異常，循線前往 K7 廠稽查，當場要求日月光不得繼續排放。主任得知此事後向處長報告，K7 廠水質異常過酸，不符放流水標準，但處長也未進一步主動了解實際狀況，或命 K7 廠先行停工減少繼續產生廢水，導致持續排放有害廢棄物的廢水至後勁溪，嚴重汙染當地生態。當時日月光甚至為了規避環保局查緝，還將自來水抽到採樣池內，提供環保人員檢驗，藉以掩飾犯行。

最後除日月光要被罰三百萬外，廠務處處長和廢水組主任分別被判有期徒刑 1 年 4 個月與 1 年 6 個月，兩名工程師 A、B 也遭判 1 年 10 個月與 1 年 8 個月，但最後都被緩刑定讞。最高法院雖駁回上訴，維持每個人的刑責，但已被汙染的環境，再也回不去了。

一桿稱仔，
苦澀的糖

1925 年 10 月 22 日，
臺中州北斗郡二林街（今天的彰化縣二林鎮）一帶的蔗農
因為蔗糖採收的問題，
與日本資本家、警察爆發衝突。

● 蔗農組合的興起

　　1920 年代在二林一帶，由於糖廠「林本源製糖會社」向蔗農收購
甘蔗的價格長期偏低、肥料價格卻過高，收成時秤種也常偷斤減兩。
1925 年，臺灣文化協會協助當地農民成立「二林蔗農組合」，透過團
結對抗會社。蔗農組合成立以後，向林糖交涉收購價格，也與北斗郡、
臺中州請願，都未得到政府正面回應。9 月底，農民向林糖提出相關

條件，希望能達到雙方公平交易但被拒絕，於是農民決定阻止林糖採收。

　　1925 年 10 月 22 日爆發衝突，林糖決定強行收割，被蔗農組合阻止，雙方不斷加派人馬對峙。最後林糖人員拿起鐮刀直接收割甘蔗，警察上前保護，情勢升高引發雙方衝突。事後日本政府進行大搜捕，數百人被捕，最後 20 多人以妨礙公務被判刑。這也是臺灣史上第一次農民運動的「二林事件」。

● 用誰的刑法

　　1920 年代，日本政府為壓制反抗運動，制定許多「政治刑法」對付政治犯。如 1923 年《治安警察法》時常被拿來壓制反政府演講、解散異議團體集會，甚至也用來禁止結社。1925 年的《治安維持法》則用來對付當時共產主義及無政府主義者；1926 年《暴力行為取締法》則用來對付農民組合、文化協會等團體發起的群眾運動。除制定特別法，尚有日本《刑法》，像是妨害公務、騷擾、傷害、恐嚇等罪，以處罰抗爭活動的異議分子。

● 政治刑法的宿命

　　無論是日本政府或 1945 年後的中華民國政府，當時在臺灣施行的法律都是為了統治者統治方便，針對政治犯施行的政治刑法。包括日治時期《治警法》、《治維法》及戰後的《懲治叛亂條例》。一百年來臺灣政治犯在法律壓迫下辛苦活著，好不容易進到民主法治社會，原先希望可透過歷史轉型帶來遲來的正義，但如今卻不斷被批評是在操弄社會，幹嘛要管過去的事。希望臺灣之後不要再存在政治刑法，可以正視歷史並面對傷口，為社會帶來真正的和解。

受害者無數，
李宗瑞關二十九年

2014 年 10 月 23 日，最高法院三審判決，
李宗瑞妨害性自主及妨害祕密案，
其中 5 個乘機、強制性交和妨害祕密部分被駁回上訴定讞，
剩下 9 名被害人的部分發回高等法院更審，
並由高等法院裁定應執行有期徒刑 20 年。

● 流連夜店

　　2009 年起，李宗瑞多次流連臺北各大夜店，並帶走多名酒醉女子強制性交、偷拍、乘機性交，受害者高達 30 人。全案在 2012 年爆發，陸續有受害者出面指控，酒醉不醒人事後被李宗瑞帶去性交，甚

至有人被下藥。此外李宗瑞將性交過程拍成影片並在網路上散播，對被害人造成二度傷害。

● 一路關到老

李宗瑞最後被以犯「強制性交」和「乘機性交」定罪，這兩種妨害性自主的性交罪差別在於，性交有沒有違反被害人的意願。簡單來說，《刑法》規定強制性交罪的手段包括強暴、脅迫、恐嚇、催眠術或其他違反被害人意願的手段，而乘機性交則是利用被害人「不能或不知道反抗」的情形性交。李宗瑞「撿屍」，將醉倒不醒人事的被害人帶走性交，就是利用被害人「不能反抗」的情形，成立乘機性交罪；而「下藥」的部分則是成立加重強制性交罪。另外，拍攝性愛影片則成立《刑法》妨害祕密罪。

案件在最高法院發回後，高等法院更一審判決李宗瑞成立 5 個乘機性交罪、3 個強制性交罪，處 39 年 2 個月。2018 年 8 月，李宗瑞剩下的部分也被最高法院駁回上訴，由於《刑法》規定有期徒刑上限 30 年，檢察官聲請法院定執行刑後，加上先前已確定的部分，李宗瑞共須服刑 29 年 10 個月。

● 面對性，永遠都要「尊重」

性，雖然是人的天性，但要注意這種感覺是相對的。並非「人人」對「人人」都可以，永遠要注意對方的感受，明確溝通，才能避免誤會，甚至造成犯罪。再者，性犯罪是一個在舉證上很困難的罪，因此不論是哪種性別，都應好好保護自己，才能讓「性」成為歡愉，而不是永恆的惡夢。

立委大戰大法官

2004

十月

24

宣告我違憲，
我就砍你薪水

2004 年 10 月 24 日，立委審查大法官的專業加給，
質疑大法官將針對自己領錢的事情受理並作成大法官解釋，
有利益迴避的問題。

● 從政治戰場殺到司法院

　　2004 年，大法官作出釋字第 585 號解釋，認為《三一九槍擊事件真相調查特別委員會條例》部分違憲，引起當時的在野黨國民黨與親民黨不滿。為報復大法官，國民黨和親民黨以席次優勢在預算審查時砍掉大法官專業加給。少部分立委認為這樣砍有違憲的問題，因此聲請釋憲。而該釋憲案也連帶要確認，大法官到底是不是法官？

● 能不能審查自己違憲？

大法官的薪俸結構包含本俸、公費及司法人員專業加給等三部分。那大法官應不應該受理這個釋憲？因為該釋憲案正是關於自己的薪俸，是否有利益衝突而需迴避？大法官認為這次釋憲是立委聲請的，大法官只是因反射作用而間接受益。既然不是聲請解釋的對象，就沒有必要迴避。且若大法官都迴避，那也沒有人可以審理這個釋憲案了。

2005 年大法官作出釋字第 601 號解釋，認為這筆錢不能亂砍，但也引發立委的不滿，認為大法官根本是在自肥。同年年底，立法院決議隔年的司法院預算時，再次刪減大法官薪俸約 3 萬元並維持至今，造成在職大法官薪俸比退職大法官還低的奇怪現象。然而，大法官的薪俸也非僵硬死板不能調降，許多大法官在意見書提到，若有非不得已的理由，例如國家快沒錢了，可經由慎重的立法程序調降全體公務員（包含大法官）的薪水，絕對沒有為了保障法官獨立，而獨厚法官不允許調降他們的薪水。

● 大法官，究竟是不是法官呢？

在這號解釋中，大法官說得很明白。大法官也是憲法裡規定的「法官」。只是大法官在做的事與一般法官不太一樣。一般法官在做「判決」，大法官是在告訴大家「法律」是否違憲（但在《憲法訴訟法》生效後大法官也可做判決，但跟一般法官做的判決還是有些不同）。

因此大法官所做出的效力非常強，大法官做出的解釋，效力是可拘束全國的，也就是說「大家都要聽」。所以要當到大法官，法律的水準要超群，還須要得到總統提名、立法院同意，才能當上大法官。

那張成為壁紙
的股票

2007

十月

25

全民電通案,
與民主鬥士

**2007 年 10 月 25 日,美麗島事件的主角張俊宏,
涉及全民電通案,被重判 11 年。**

● 那個令人失望的作為

　　每位對民進黨失望的老選民大概都有一張難以兌現的股票,那就
是全民電通的股票。回到 90 年代,走過解嚴跟威權時期,當時電視
台跟新聞報紙是如何抹黑民主運動參與者,大家仍記憶猶新。所以當
行政院開放第四家無線電視頻道的聲音一傳出,以「第一間臺灣人電
視台」為號召的籌股募資頓時風起雲湧,大家都很振奮。

　　主要的兩股勢力分別以「蔡同榮」為主的民間傳播股份有限公司,

及「張俊宏」所屬的全民電通投資股份有限公司。最後兩間公司於
1994 年 6 月 26 日合併成立「民間全民聯合無線電視公司籌備處」，並
於同年 6 月 30 日正式向新聞局提出申請，最後取得這第四張執照。

然而在前階段的募集資金時期，張俊宏所屬的全民電通投資股份
有限公司就其所募資金 30 億元中，僅有 10 億元入股民視公司，其餘
20 億元則進行其他轉投資行為。其中包括未經董事會同意、經過鑑價
程序就購買當時顯逾市值的臺中不動產、以財務操作為由匯款至自己
名義成立下的香港公司、違反營業常規下進行轉投資以牟取回扣。

● 這涉及什麼罪？

人無信不只可能被喚作畜生而已，當基於法律或契約關係為別人
處理財產上事務的時候，為了自己或第三人的利益，違背所託之人信
任下所託付的任務，造成委託人財產或利益上的損害，就構成背信罪。
如張俊宏作為公司負責人，卻透過公司的「不利益交易」，讓自己或
為獲利的人，就構成「背信罪」。

● 張俊宏這個名字原本如此的重要

張俊宏是當年美麗島大審被重判的民主鬥士，他對民主有所貢獻
也是事實。但對走過黨外時期的老支持者來說，他們所痛恨黨的國體
制，包含獨裁、不民主、貪腐都在這個範圍之中，對於這些人，張俊
宏這個名字曾那麼舉足輕重，「臺灣人的第一個無線台」是多麼有號
召力的夢。這樣一群追著夢想跑的人，卻跌入心中舉足輕重的人所挖
的坑洞，這些有夢想的人除了失望還是失望。

臺灣也應該要
有性專區？

1999

十月

27

荷蘭國會，
通過妓院合法化

1999 年 10 月 27 日，
荷蘭國會通過法案，將妓院的經營合法化。

● 「紅燈區」、「櫥窗女郎」，合法！

　　1809 年，荷蘭政府其實已經將性交易合法化，因此當「個體戶」
沒有依附應召站的性工作者，公開賣淫並無違法。1999 年，當時人口
販賣、非法入境賣淫或雛妓犯罪問題很嚴重，荷蘭國會決定將妓院的
經營合法化，並於 2000 年生效。

　　按照法律，妓院獲得工作場所的合法地位，也和其他工作場合一
樣必須遵守各種規定，且這些妓院都將登記列管，也包括設置「櫥窗

女郎」的地方。另外，政府也可以視察妓院，確保工作條件有達到政府規定的標準。然而有人認為，合法化目的在於改善性工作者的生活條件和法律地位，但實踐情況並不甚理想，甚至非法賣淫者有增多的情形。

● **臺灣從事性交易不一定違法？**

看看荷蘭，想想臺灣。

本來，法律規定是所謂「罰娼不罰嫖」。一直到 2009 年，大法官作出釋字第 666 號解釋，認為「罰娼不罰嫖」是差別待遇、不公平！大法官認為，性工作者和客人是共同完成性行為，雖然性工作者為性行為的次數和對象可能很多，但也不能作為只處罰娼的正當理由。

另外，考量到為性交易而圖利的一方通常是女性，也因如此，這條規定則會變相成為僅針對從事性交易的女性，尤其部分迫於經濟弱勢而從事性交易的女性，會因受罰而陷於更不利的處境。

直到 2011 年，法律修正成「娼嫖皆罰」，除非在「性專區」進行，雙方就都不會被罰。但是 8 年過去了，目前仍然沒有一個縣市政府制定自治條例，也沒有一個縣市政府劃定所謂合法的「性交易專區」。這樣的立法狀況，和大法官解釋所暗示的方向有所衝突。

畢竟大法官在該號解釋中，有特別提到必須要採取管理制度，例如職業訓練或是輔導措施，以此來保護社會經濟上的弱勢。如果真的要針對性交易有限制，一定要做合理明確之管制或處罰規定，否則也會擔心即便合法也對女性不利。

然而這樣的道德議題，或許在經過 2018 年同性婚姻公投後，更難有討論的空間。而也或許還要再等一陣子，我們才能面對這樣的「性議題」。

營養午餐，
藏汙納貪

2011
十月
29
新北市國中小
營養午餐弊案，
校長收受回扣

2011 年 10 月 29 日，
新北市中和區積穗國小的營養午餐有蟑螂和蛆，
調查後更發現許多學校的校長收取回扣，震撼教育界。

● 當年被痛批教育界最大醜聞？

　　2011 年，中和區積穗國小營養午餐的餐桶上有蛆，調查後發現，
金龍盒餐團膳公司、津津、歐克食品公司等 11 家廠商，涉嫌向校長
以現金行賄以取得標案。學校以用餐學生總數向廠商收取回扣，每人
每餐約 2 到 4 元，或者每件採購案收 10 萬至 50 萬元。其中最長行賄
時間有至 9 年之久。

全案共有 30 多名校長涉案、70 多名被告遭檢方起訴，涉及貪汙罪等。法院一審判決 3 個月至 10 年半不等的刑期，後來共有 60 人上訴。高等法院二審判決時，因多數校長認罪並繳回犯罪所得，而獲得均較一審為低的刑度，但是新莊區頭前國中校長曾茂山否認犯行，被判處 7 年 10 個月。2017 年，最高法院判決 14 名校長成立職務收賄罪，全案定讞。

這也是近年來教育界的重大醜聞。畢竟校長為人師表，卻做出法律不允許的事情。

● 營養午餐也有法律？

學校營養午餐是地方自治業務，法源依據是《學校衛生法》中的部分條文。但是關於目前學校的營養午餐，普遍面臨學校營養師、廚房人員比例不足，沒有適當的營養午餐內容及營養標準，甚至頻傳校園食物中毒案件及收受回扣等問題。

因此，2019 初更有立法委員提案《學校營養午餐法》等草案。立委認為，為了完善營養午餐辦理情形，使國中小學的學生有更安全、營養、健康的午餐，因此應該要有專法。並且，明定學校營養午餐採購契約的規範，及限制學校與廠商間之不法行為，規範廠商對營養午餐資訊透明化。

在草案中，甚至明定主管機關一定要補助學校設置廚房，且在營養午餐中，必須要按照政府所規定的午餐內容及營養基準，甚至也須參考國人膳食營養素攝取量。上述這些都必須設計在午餐內容裡面，且食材也須在地化，要按照中央農業主關機關來認定優良的在地食材以及農業產品，也不可以使用含基因改造生鮮食材及其初級加工品。

只可惜的是《學校營養午餐法》仍尚未通過。

或許，最可怕的不是三色豆和螢光咖哩，而是吃掉原本應該營養的營養午餐的弊案。

臺灣人
在美國為了
自由民主而跑

1988

31

十月

打倒萬年國會的
民主長征

1988 年 10 月 31 日，
一項由 FAPA 主辦的民主長跑活動
正在美國如火如荼的展開。

● FAPA 是什麼單位？

　　FAPA 是 Formosan Association for Public Affairs 的縮寫，全名「臺灣人公共事務會」，是一個在 1982 年由蔡同榮、彭明敏、王桂榮、陳唐山等人創立的組織，目的在爭取國際支持、推動臺灣成為主權獨立國家進入國際社會並促進全球臺灣人權益，經常進行國會遊說的工作。例如 2018 年由美國總統川普所簽署的《臺灣旅行法》(*Taiwan Travel Act*)，就是由 FAPA 與友臺的美國國會議員參議員魯比歐（Marco

Rubio, R-FL）與布朗（Sherrod Brown,D-OH）等人合作推動。民主聖火長跑活動作為 FAPA 推動的眾多民主運動之一，其主要訴求則是抗議萬年國會，推動中央民意代表的全部改選。

● 萬年國會又是什麼？

　　大家應知道我們第一屆的國會是在「中國」選出來的，並在中華民國政府牽撤來臺後，這些第一屆由中國人民選出的立委，一路從 1948 年當到 1992 年，完全悖離「民主原則」下的定期改選。那為什麼不改選？沒辦法。因如果在「臺灣」重選，就是否定「中華民國」，會導致我們國會不是由「中華民國」而是由「臺灣」人民選出的，這會違反中華民國憲法精神。所以第一批國大代表、立法委員與監察委員從 1991 年都沒改選過，因此被各界戲稱為「萬年國會」。但隨著社會體制改變與民智漸開，人民要求改選萬年國會的聲浪日漸增長。

● 450 公里的長征

　　1987 年 2 月，FAPA 幹部與民進黨成員在紐約商討如何在島內推展民主運動，最後決定利用長跑的方式抗議萬年國會，並展開中央民意代表徹底改選。同年 10 月 31 日，美麗島雜誌發行人黃信介點燃聖火後，由紐約開始以接力傳遞將聖火送至終點華府，儘管兩地相距約 450 公里，但歸功於事前縝密規劃與成員同心協力仍順利完成。

　　其後，甚至克服萬難將聖火傳回臺灣展開環島長跑，將海內外臺灣人凝聚在一起。這次長跑活動成功帶給當時政府莫大壓力，加上日後野百合學運等活動努力下，終於在 1992 年進行國大代表及立委全面改選，因此萬年國代終於走入歷史。

　　也終於在 1992 開始，一連串重新改選、廢除惡法之後，臺灣也慢慢走向民主。

NOVEMBER

十一月

我們與威權的距離

照亮臺灣文學史
的大人物

1925
十一月
1

臺灣文學大師誕生

1925 年 11 月 1 日，
作家葉石濤在臺南出生。

● 被三種語言殖民的靈魂

　　人稱「葉老」的葉石濤，從 16 歲開始創作，但因為生於日治時期，必須用日語來表達；而當國民政府來臺後，宣布禁用日文，他又被強迫改用華語寫作，還得重新學習新的語言才能書寫創作。這種穿越痛苦的語言學習過程，是殖民地作家的特徵；中文書寫裡參雜著日文語法、混合著臺灣母語，更是臺灣所獨有的殖民地文學。

● 知匪不報，打進牢房

然而，高知識程度的他，卻讓他再次遇到了苦難。在白色恐怖的時代，葉石濤為了學習漢字，前往黃添才所經營的書店，在這個過程中，接觸到當時所不允許的社會主義書籍，也被誣指知匪不報，因此入獄三年。

想想，連大文豪都會被以「知匪不報」而入獄，更何況當時的一般人？

出獄重登文壇的他，不僅沒被擊垮，反而成為臺灣本土文學的重要推手。《臺灣文學史綱》一書，不僅成功地把本土作家生平、作品，有系統的加以整理，寫成一部文學史，更挑戰過去的中原史觀，把臺灣作為主體，容納不同族群的文學創作，展現社會的真實面。

● 促轉會撤銷有罪判決

葉石濤與作家鍾肇政並譽為「北鍾南葉」，葉更在 2001 年榮獲國家文藝獎，這頂文學桂冠無疑是葉老多年來辛勤筆耕的成果。雖然在 2008 年不幸過世，但現今的人們並沒有忘記他，於 2018 逝世 10 週年前夕，「促進轉型正義委員會」舉行撤銷判決儀式，為他多年的罪名平反。

「臺灣作家必須敞開心胸，開拓更大更多的臺灣時空」，葉石濤這句鑴刻在高雄市蓮池潭畔文學步道基石上的名言，還來不及揭幕，他已先辭世。

但是，臺灣的作家、臺灣的文學仍然會繼續創作、繼續前進，照亮臺灣的文藝天空。

警大考試弊案，
遭到重判

1999

十一月

2

警察大學
考試作弊的事件

1999年11月2日，
社會關注的警察大學弊案宣判，85名被告中有67人有罪。
而主嫌郭振源被判無期徒刑，褫奪公權終身。

● 當警察要考試？

　　在臺灣當警察有兩個方法，第一是報考警大或警專，之後畢業再
考警察特考；第二是直接報名警察特考。而警大除了讓高中畢業的人
去報考，也有二技班的學制，招生對象是現職警察、消防人員，且曾
於警大專修班畢業或警專專科警員班畢業的人，錄取後修業兩年畢業
即可成為警官。

● 物以稀為貴

報考警大是警員成為警官的唯一道路,所以是否可以入學就是關乎一生的重要決定。1997 年警大的專修班、二技班考試中,負責電腦閱卷及核計考試成績等業務的郭振源,透過白手套招攬考生,告訴考生若交付一定金錢就可以幫忙讓他上榜。收受賄款後,郭振源便在電腦閱卷系統設定幫考生竄改成績。

本案之所以見光,是因為在 1998 年間有考生向警方檢舉。案發後,郭振源與他充當白手套的女友,逃亡多日後在龍江街落網。依照媒體報導,當時包含白手套、行賄、收賄的人數高達 85 人。白手套是指收錢的人不直接拿「黑錢」,而是透過一個中間第三人來收受,有點類似戴上手套來掩飾、洗白這些錢,所以通常被稱為白手套。

1999 年 11 月 2 日,桃園地方法院宣判其中 67 人有罪,包括多位警大教授和高階警官。而主嫌郭振源被判無期徒刑,褫奪公權終身,歷經數年審判,最後被判處 15 年有期徒刑。本案相關人士歷經多次更審,直至 2011 年都還有被告纏訟其中。

● 洩題判這麼重?

如果公務人員對於違背職務之行為,要求、期約或收受賄賂可能會觸犯《貪汙治罪條例》特別規定的貪汙罪,上述案例中的郭振源就是最典型的例子。

貪汙治罪條例相是刑法的特別法,出於對公務員應該清廉的想法,刑責上也較刑法更重。但是,也有許多學者和實務工作者認為,《貪汙治罪條例》是動員戡亂時期的產物,而且部分條文也和《刑法》的瀆職罪章重疊,沒有必要疊床架屋,應該廢除《貪汙治罪條例》,回歸刑法來處理貪汙問題即可。

中國官員來臺灣，
音樂就要被關掉？

2008

4

十一月

上揚唱片行事件

2008年11月4日前的今天，
正值江陳會談期間，
警察進入「上揚唱片行」要求關掉音樂。

● **一間你必須知道的唱片行與它的事件**

　　這間位於中山北路的唱片行，你可以找到各種類型的音樂，西洋的流行音樂、各種經典的古典音樂，當然也包含臺灣的獨立音樂。一首《戀戀北迴線》，用臺語輕快地唱著：「世外的桃源，美麗的臺灣，自由自在，幸福臺灣人」，透過歌詞寫下臺灣的美。

　　2008年中國海協會會長陳雲林，於馬英九政府時期來臺灣進行

第二次的「江陳會談」。在這個期間，警政署在各地進行嚴格的臨檢、搜索、盤查。許多對於陳雲林訪臺表達的異議者，警政署也解散他們的集會遊行，甚至逮補。而陳雲林訪臺期間，引起一連串的事件，其中也包含了於 2008 年 11 月 4 日晚間，由民眾自發性發起的「上揚唱片行事件」。

上揚唱片行就位在臺北晶華酒店以及抗爭活動現場附近，當時老闆娘張碧特別在店內播放《戀戀北迴線》，該舉動也引起唱片行店內外民眾的歡呼。不過，這樣輕鬆的氣氛沒過多久，即遭到遇警察無預警進入店內，要求店家將音樂關掉。

● 警方的動作導致什麼後果？

該事件發生之後，許多人質疑為何警察可以要求唱片行關掉音樂。關於此事，警方回覆表示，是因為有民眾向警方嗆聲，表示唱片行的音樂聲音很大，他們才前往關注。警方也說明他們的做法是依據《社會秩序維護法》第 72 條：「有左列各款行為之一者，處新臺幣六千元以下罰鍰：三、製造噪音或深夜喧嘩，妨害公眾安寧者。」以及《警察職權行使法》第 25 到 28 條，對於社會危害的事情，可以做一些措施來排除。

許多人質疑，音樂很大聲，就會是噪音嗎？還是背後根本就是一種政治上的壓迫？

同時，本案也經檢察官認定，警方並沒有使用暴力來脅迫店員關掉音樂，所以做出不起訴處分。然而，警方到場便可能造成民眾的恐懼，也才需要使用法律來限縮警方權力。當時，便有人質疑警方的行動並不在法律允許的範圍之內。

　　音樂或許關得掉——但是民主是關不掉的。

　　此次在上揚唱片行引起的突發事件，之後也成了由學生自發性發起的靜坐抗議——「野草莓學運」的重要導火線，抗議警方處理過當，以及《集會遊行法》的重新修正。

● **音樂歸音樂，政治歸政治？**

　　雖然，警方的說法否認是因為歌曲才要求唱片行關掉音樂的。但是，因為當時時機敏感，自然有人會想起臺灣過去「查禁音樂」的歷史。從 1949 年國民黨政府來臺開始，最先被查禁的是被認為有親日嫌疑的歌曲。而在 1949 年頒布戒嚴令之後，查禁歌曲的理由更是五花八門。例如，歌曲被認定有替「共匪」宣傳，抑或有性暗示、不健康、或太過憂鬱……等等訊息，都會被政府查禁。

　　另外，政府在戒嚴期間，也使用了各種方式來處理歌曲。以廣播為例，當時的民眾不得收聽「匪俄」的電台，政府也成立「廣播電視歌曲輔導小組」，甚至還規定每唱 15 首歌曲，須有 5 首是「淨化歌曲」（淨化歌曲也就是振奮人心的愛國歌曲）。

1975 年新聞局也公布《廣播電視法》與其施行細則，規定電台對國內廣播的播音語言，應以「國語」為主，方言應該逐年減少等這類的規定。這種壓抑其他語言的規定，一直到 1993 年才被廢止。

　　這也導致，臺灣在語言上的認同也一直有很大的爭議，許多人也在爭議究竟「國語」（中文）是不是我們國家的語言？直到 2018 年，立法院三讀通過《國家語言發展法》，其中第 3 條是這樣規定：「本法所稱國家語言，指臺灣各固有族群使用之自然語言及臺灣手語。」也因此，在國家語言的概念上放寬，尊重臺灣全部的語言也成為法律的判準。

　　也讓大家了解到，在這塊擁有民主法治的地方，你要說什麼話，以及想要講什麼樣的語言，基本上法律都賦予保障。在臺灣，我們不會因為講什麼特定的語言就被處罰，也不會因為講了什麼話而受到國家的壓迫（當然如果涉及刑法的公然侮辱或誹謗，抑或是散播假消息等，會有相關法律的處罰）。

　　在 2019 年，金曲歌王「Leo 王」在發表得獎感言之時，也如此地說：「我想說，能生在臺灣是一件非常幸運跟幸福的事，身為一個創作者，我一直是想寫什麼就寫什麼。對一個創作者來說，這是一件最重要最重要最重要最重要的事。」

　　唯有在自由的土地，才會有最肥沃的土讓，綻放出藝術上最美麗的花朵。

2007
十一月

5

前臺大法律系的
林山田教授病逝

一個
勇於挑戰國家
的教授

2007年11月5日，
號稱「戰鬥的法律人」前臺大法律系林山田教授，
病逝於宜蘭羅東聖母醫院。

● 話說從頭

　　林山田教授出生臺南，從中央警官學校（現在的警大）畢業後擔任
巡官，後來自學德文並取得西德杜賓根大學法學博士學位。返臺後，
他回到學校任教，但因當時社會對犯罪學的研究並不興盛，他便轉而
鑽研刑事法，並撰寫不少以刑法爭議為主的判決評析與文章。林教授
認為：「警官就是一個法律執行者，必須具備民主法治思想」，但這樣
的觀念使他在戒嚴時期下顯得格格不入。畢竟在那樣的時代，大家還
是認為警察就是國家意志的執行者。

● 爭取權利，毫不畏懼

　　解嚴後的臺灣看似回歸了民主自由，但人們表達言論及政治立場的自由仍受到重重限制，後來爆發「獨臺會案」，一連串「叛亂犯」被逮捕，引起許多學界對政府的強烈不滿。長期鑽研刑法的林山田教授與幾位學者及社運人士，在 1991 年組成「100 行動聯盟」，要求政府「廢除刑法 100 條」，釋放所有政治犯。

　　當時刑法 100 條的規定是：「意圖破壞國體、竊據國土或以非法之方法變更國憲、顛覆政府，而著手實行者，處七年以上有期徒刑；首謀者，處無期徒刑。」仔細看一下，法條裡面寫的「意圖」就是說，若你有「思想」要顛覆國體，就可以被判無期徒刑，這完全是一條打壓人民思想的惡法。因此在林山田教授及其他人的抗議下，最終成功迫使當時的立法院修正刑法條文。

　　我們再舉一例：1992 年，聯合報在一則頭條中報導中共官員的言論，林山田等人不認同該則報導自行推論的恐怖性及恐嚇意涵，經數個人民團體多次溝通無效後，林教授便與幾位教授發起「退報救臺灣」運動，呼籲社會各界聯合抵制聯合報，並游說廣告業者拒登廣告。雙方皆自訴控告誹謗，聯合報甚至控告林教授等四位發起人妨礙信用，本案一審林山田等人被判有罪，二案上訴後聯合報仍維持無罪，林山田等人亦改判無罪。

● 永遠的戰鬥法律人

　　林山田教授能戰能說能寫，他寫的《刑法通論》、《刑法各罪論》，至今仍是刑法學的權威級教科書。

　　2007 年 10 月 29 日，《刑法通論》第十版出版，兩天後林山田教授住進羅東聖母醫院安寧病房，11 月 5 日與世長辭 —— 一輩子戰鬥的林山田教授，直到生命的最後一刻，仍為了刑法而戰鬥。

中國官員來臺灣，
法治就不見？

2008

6

十一月

野草莓運動的興起

2008 年 11 月 6 日，
學生抗議陳雲林來臺，
政府打著維安名義做出各種侵犯人權的行為，
因此人民集結抗議，爆發「野草莓運動」。

● 中國官來臺，臺灣變中國？

　　中國大陸海峽兩岸關係協會（海協會）會長陳雲林於 2008 年 11 月初第二次訪臺，與海峽交流基金會（海基會）董事長江丙坤進行會談。「江陳會」期間，警方大量運用國家公權力，包括不當淨空高速公路車道、禁止民眾在公共場合舉國旗、民眾懸掛支持藏獨的「雪山獅子旗」、唱片行因播放臺語《戀戀北迴線》被大批員警強制關音樂等。

許多學生、老師與民眾集結於行政院門口靜坐抗議，其中「總統馬英九與行政院院長劉兆玄應向國人道歉」、「警政署長王卓鈞、國安局長蔡朝明應立刻下台」、「立法院立即修改集會遊行法」更為當時的三大訴求。

　　因為當時行政院前為集會遊行法所規定的「禁制區」，學生決議在不申請許可的狀態下，刻意在禁制區內抗議，不僅挑戰不合理的法律，也象徵著集會遊行法的違憲性。

　　警方四度舉牌勒令解散後，開始驅離學生與民眾，並將參與者架離現場，群眾只好轉往自由廣場繼續靜坐。

　　可惜後來沒有激起社會關注，抗爭也似乎逐漸散去。

● 野草莓帶刺，政府真諷刺

　　「江陳會」期間，所引發的這場社會運動之所以被稱為「野草莓運動」，是因為野草莓象徵著純真與熱情，而帶刺的「野草莓」更顯示「草莓世代」的行動力與決心。

　　這場運動雖然看似結束，但是卻埋下了伏筆。在某種程度上，這股力量在接下來的社會運動中不斷地累積，其中的參與者更繼續積極參與許多其他的社會運動，並且組織耕耘議題。

　　而這股力量就剛好在 2014 年爆發更大規模的 318 運動。

● 一個釋字，兩個學運，集遊法違憲！

在陳雲林來臺期間，前臺灣大學社會系教授李明璁被控違反《集會遊行法》而遭到起訴。承審法官認為集遊法違憲而聲請釋憲，也正好在 318 學運發生後第 3 天，大法官作成釋字第 718 號解釋。

大法官認為，「緊急性」及「偶發性」的集會遊行還要求要事前申請，此規定根本是強人所難，因此宣告事前申請的規定違憲。但是，集會遊行法的「事前許可」之規定，原則上還是合憲。集會遊行法在許多的民主國家中都採取「報備制」的情況下，我們臺灣國內卻在大法官解釋上，還是認為採取「許可制」是合憲的。

最後，臺北地院判決認為，檢方無法證明李明璁是首謀。而且援引大法官釋字第 718 號解釋，認定這場抗議集會屬緊急且偶發之事件，原則上無須申請，因而判定無罪。

可惜的是，這部《集會遊行法》，到目前為止，尚未完整修法。

許可制？報備制？

　　上述文章中，之所以會認為集會遊行採「許可制」大有問題的原因在於，集會遊行的目的本來就是向政府表達不滿，如果這樣不滿的聲音還可以被國家「許可」，國家當然也可以說「不准」，這就代表言論可以被國家「審查」，這在民主國家是不應該發生的。

　　因此民主國家大多都採取「報備制」，也就是說如果要集會遊行，事前跟國家講一下就好，國家原則上不能禁止，反而還要派警察維持遊行的秩序，避免遊行被攻擊，可惜我們至今還保留著「許可制」尚未廢除。

　　畢竟這部《集會遊行法》就是一部為了戒嚴時期而規定的法律，但是至今都沒有好好修正過，這也是為什麼許多人認為這部法律是一部惡法，一定要好好修正。

曾經的英雄，
讓人如此難過

2001

十一月

7

抗日英雄張誌家，
打假球

**2001 年 11 月 7 日，
張誌家和陳金鋒聯手 3:1 擊敗中國，
最後也以 3:0 戰勝日本，拿下棒球世界杯季軍。**

● 曾經的抗日英雄

　　高中時代的張誌家，曾獲得金龍旗青棒賽 MVP，被譽爲是一位天才型的投手。也在 18 年前的世界盃徹底爆發，完投完封日本，甚至在隔天加入日本職棒西武獅隊。

　　旅日期間的張誌家，創下連續 28 局奪三振的紀錄，第一年就繳出 10 勝 4 敗 1 次救援成功、防禦率 2.71、121 次奪三振。然而在 2006 年，張誌家因為受傷的關係而很久沒出賽，並被以態度不佳遭到解約。2008 年，張誌家回到臺灣加入 La New 熊隊。

● 曾經的英雄啊，你在哪裡

然而，張誌家在熊隊的表現平平，更涉入 2009 年的假球案而被球團開除，棒球生涯因此劃下句點。2014 年 8 月 13 日，臺灣高等法院二審宣判，張誌家被以「詐欺罪」判有期徒刑 4 個月，但可易科罰金，全案定讞。

詐欺罪是這樣規定的，刑法 339 條：「意圖為自己或第三人不法之所有，以詐術使人將本人或第三人之物交付者，處五年以下有期徒刑、拘役或科或併科一千元以下罰金。」所以你必須要「故意施用詐術」，且讓被害人「陷於錯誤」，讓他「處分財產」並且「財產損失」。例如我想買一棟好房子，結果賣房子的人透過話術讓我買下一棟海砂屋，這就是用詐術，讓我搞錯並且花錢，這樣成立詐欺罪的機會就會非常高。也就是說，打假球就是一種用「詐術」的方式來欺騙大家，讓大家以為你很認真打球，並且花錢來買票，所以也是詐欺罪的一種。

● 我們究竟該怎麼辦？

單純怪罪球員並沒有辦法解決假球問題 —— 畢竟球員的薪資低、平均球齡 3.9 年，且從小到大沒有受過打棒球以外的教育，因此打假球是累積財富最快的唯一手段。或許球團的保護措施、棒協建立起相關的機制，以及球迷的支持，才有改進的可能性。

請讓我們大家再愛一次棒球吧。

一個一直被打壓的
檢察官

1991

十一月

10

監察院通過彈劾
許阿桂檢察官

1991 年 11 月 10 日，
監察院通過對臺北地檢署許阿桂檢察官的彈劾案。

● 許阿桂是誰？

　　許阿桂檢察官畢業於臺灣大學法律系。1991 年，許阿桂任職於臺北地檢署期間受命承辦「華隆集團案」。當時媒體報導，華隆集團疑似將名下每股時價 1,000 元以上國華證券股票，以每股 120 元賤價出售 500 萬股給當時交通部長的女兒及淡江大學建築系教授，有官商勾結及利益輸送之虞，也因此重挫臺灣的股市。

　　華隆是極為龐大的集團，對政治也有相當的影響力。但許阿桂不畏懼政治壓力，對華隆董事長翁大銘及交通部長進行偵辦，甚至羈押華隆集團相關成員，此舉引起政治界的恐慌。

● 政治操控司法，司法對抗政治

　　許阿桂繼續偵查的行為，也惹怒了不少政界人士。監察院也因此以許阿桂違反程序為由通過彈劾。法務部也以「無論是否合法，都必須停止偵查」為由，下令許阿桂停止偵查，並將許阿桂移送公懲會並記大過處分。因為公懲會處分已作成，許阿桂仍然將該案件移轉出去。不過許阿桂仍堅持以自己的力量繼續調查。據悉，當時不少警調人員被許阿桂此舉給感動，私下主動將手上的資料提供給許阿桂，再讓她給法院承辦的法官。

　　許阿桂行事謹慎又不畏懼高層壓力，當時記者稱她「忍者桂」，也受到不少法界人士相挺。而許阿桂在調查華隆案的過程中，身體出現暈眩嘔吐的情況，但她還是堅持辦案，並未聽同事勸說到醫院就醫。等到案件已稍有眉目之時，她才到醫院檢查，並發現卵巢癌細胞已經蔓延。

　　許阿桂在 1997 年 2 月 18 日與世長辭，享年 50 歲。

● 許阿桂條款

　　原先在《刑事訴訟法》中是規定，若檢察官在偵查時知道自訴，就應要停止偵查。所以，當時華隆集團試著透過自己的股東提出自訴的方式，阻撓檢察官偵查的行動。後來，又因為立法院修正法律，規定檢察官偵辦中的案件，被害人不能再提起自訴。

　　而這項規定，又被成稱為「許阿桂條款」。

　　或許現在的司法制度還不能說已完全獨立，也不能說絲毫不會因政治力介入而有所影響。但不可否認的是，司法改革一路走來總有一些勇士。不論是我們看得到的，抑或是我們看不到的，他們都讓臺灣的司法愈來愈成熟，也愈來愈理想。

警察為什麼要殺法警？

1946

十一月

11

228前的
員林事件

1946年11月11日，
「法警」依法拘提有犯罪行為的「警察」，
但法警反遭警察關押，甚至開槍射殺，
擊斃一人，受重傷輕傷者數名。

● 不想被拘提，開槍殺法警

　　這起事件，被當年媒體稱為聳動臺灣人聽聞的「員林血案」。

　　1946年5月，臺中縣參議員遭警察許宗喜等人毆打，而許宗喜拒絕傳喚不到庭。因此於同年11月，法官簽發拘票，飭令3名「法警」執行拘提警察許宗喜到案，及15名監獄看守協助。

　　許宗喜見法警各種證件、文件完備，要求法警等他回宿舍換衣服。不久後，許宗喜動用北斗區警察所所長林世民等數十名警察，法警及

監獄看守被繳械、包圍、毆打，並且逮補關押在拘留所，甚至當場開槍，擊斃一名法警。

隔年，此案經臺北地院一審判決，除了林世民因殺人未遂處以有期徒刑 5 年外，其餘被告均獲判無罪或因國民政府的大赦令予以免訴。

本案為 228 事件發生的前一年，當時警察開槍事件頻傳，查緝私菸是 228 事件的導火線，而衝突爆發的源頭，其實是「司法獨立」及「司法正義」的欠缺。

● 法警是警察？可以抓警察？

法警配置於法院與檢察署，協助偵查、審理、執行等職務，而且其身分具有特殊性，法警除了有《法院組織法》所定之「司法警察」身分外，也是《司法人員人事條例》所定之「司法人員」，且為依據《公務人員任用法》任用之「公務人員」。

警察及法警區別在於，「警察」是「院外司法警察」，配置於警政署等其他執法機關，需要透過其他專法來規定其司法警察的職權，因此也被稱為「兼職司法警察」。

「法警」則是「院內司法警察」，也被稱為「專職司法警察」，負責逮補、拘提、押解、看管、戒護及執行等，肩負司法的第一線任務。由此可知，「法警」在「司法獨立」及「司法正義」上所扮演的重要角色。

從過去的「員林事件」我們可以看到，法警需要監獄看守協助才能拘提，以及遭遇被繳械、圍剿開槍的局面。一直到現今，法警仍然有人力不足、職權依據不明、值班報酬過低等問題，以「法警血汗」換取「司法正義」的假象。

2010

12

十一月

潛逃中國的法官，
被抓回臺灣

一時賄賂一時爽，
一直賄賂一直爽

2010 年 11 年 12 日，潛逃中國的法官張炳龍，被押解回臺灣，
結束他 3 年 8 個月的中國之旅。

● 一時賄賂一時爽

1990 年，臺東縣成功鎮的 A、B，聯手騙 C 去跟 B 用高於市價
一倍的價格買一塊三仙台附近的土地。C 把錢給了以後，B 也落跑了。
花了錢沒買到地的 C，愈想愈生氣，一狀告上地檢署，控告 A 與 B 詐欺。

B 為了躲避刑責，也回頭向地方法院提起自訴，告 C 詐欺，但自
訴案被花蓮地院判決無罪。B 上訴到高等法院以後，為了想辦法讓 C
被判有罪，於是在 1992 年行賄高等法院花蓮分院法官張炳龍 30 萬，
張收錢以後，判決 C 有罪。

這個荒謬的貪污案東窗事發後，張炳龍被臺北地檢署起訴，臺北地院一審也以違反貪汙治罪條例為由重判有期徒刑 11 年。

● 一直賄賂一直爽

不過，案件上訴到最高法院以後，被發回更審，案件在二審與三審之間來來去去。2003 年，高等法院更三審判決張炳龍有期徒刑 10 年，之後又被最高法院撤銷發回。由於過往的判決幾乎都是十年起跳，張炳龍自認為在劫難逃，決定學習他的當事人，請委任律師邱創舜和邱的太太段美月，問問更四審法官能不能「幫忙」。

更四審法官蔡光治、房阿生分別收了 100 與 200 萬元賄款以後，願意「幫忙」。而從中協助「幫忙」的邱律師，也拿了 50 萬元的佣金。於是，更四審改判張炳龍無罪。這個無罪判決當然引發社會譁然，檢察官上訴最高法院以後，最高法院也撤銷更四審判決。2006 年，高等法院更五審判決張炳龍有期徒刑 11 年，2007 年被最高法院駁回上訴，全案定讞。

然而，張炳龍在更五審判決後、上訴最高法院之際，潛逃到中國。

● 三年八個月的中國之旅

2009 年，臺灣與中國簽署《海峽兩岸共同打擊犯罪及司法互助協議》之後，透過協議向中國要人。張炳龍得知政府在找他以後，在臺商的協助下輾轉躲到中國四川，但最後仍在四川被中國公安抓到。

最後，在 9 年前的今天，張炳龍從中國被押解回臺灣並發監執行，結束他 3 年 8 個月的中國之旅。

軍中樂園知多少

2010

十一月

13

無奈的時代
與無奈的人

2010 年 11 月 13 日，
媒體報導金門八三一軍樂園轉型為觀光景點，
揭開昔日的神秘面紗。

● 八三一軍樂園是什麼？又為何出現？

　　八三一軍樂園其實就是軍妓院，之所以稱作「八三一」，有說法
是因妓院提供的電話號碼是 831。其實較正確的說法應是因為中文
電報碼中「8311」代表的是「女性生殖器官」。在當時軍中也會用
八三一來稱呼女人。

　　1949 年大批軍隊退守到金門，許多軍人借住民房或空屋。該舉
動除影響當地傳統風氣外，更為人所詬病的是軍人對平民百姓的性暴
力，且情況十分普遍。金門防衛司令部司令官胡璉為避免當地女性受

到強暴威脅，便在 1951 年立了第一座「軍中樂園」，自此也大幅減少當地強暴案件。

八三一最興盛之時，體制內約有 250 名性工作者。雖有證據顯示性工作者是自願前往，但仍不乏案例是性工作者遭強迫、自小被賣過去等等。也有軍樂園的女子是因貧窮、不識字或其他原因才選擇前往。甚至有媒體報導，有位女子是因在臺灣本島賣淫被捕後，她可在坐牢或到八三一軍樂園服務兩項選擇中二擇一。

如今八三一已轉型為觀光景點，但當我們在談八三一時，也不能略過其中關於暴力、非自願而被迫「捨身為國」的那段慘痛歷史。

● 沒有被承認的「工作權」

2007 年大法官在釋字 666 號中解釋，宣告當時法律規定「罰娼不罰嫖」是違憲的。不過大法官在該號解釋中認為「罰娼不罰嫖」違反「平等權」，也就是說大法官認為兩者行為不可有不合理的差別待遇。但大法官在這號解釋中，並未正面論述性工作是屬憲法的「工作權」，因此在性工作得不到大法官解釋的肯定下，目前性工作在《社會秩序維護法》規範下，其中便有規定，若地方政府設有「色情特區」，性工作在該特區就能合法，但若在該區以外就是非法。

● 性交易是否該除罪化？

現在臺灣至今沒有地方政府設立「色情特區」，也因此在釋字 666 號解釋後，反而變成「娼嫖皆罰」（行政罰），這或許和大法官所暗示的方向不同。但也有論者指出，若將性交易除罪化，也可能造成女性的性工作若落入「被迫從事性工作」的處境。所以就算在未來也應該要有明確的法制，保障性工作者各項勞動條件。

對性工作者的態度及法律規範，期待我們能有改變及明確保障的一天。

C警員，
你到底是
有沒有開槍？

1997

十一月

14

不滿亂寫報告，
員警拒絕授階

1997年11月14日，臺北市警局舉辦授階儀式，
但有警員不願意接受授階，
成為臺灣史上第一位拒絕受階的警員。

● 就是白曉燕事件

　　1997年8月19日，有民眾報案疑似在臺北五常街一帶，看到白
曉燕事件嫌犯之一的「林春生」。警方獲報後立即前往，抵達後和林
春生發生槍戰，員警「曹立民」中彈身亡，林春生也在槍戰後身中六
彈當場死亡。這起事件後來也被稱作「五常街槍戰」，且也是臺灣電
視台第一次現場轉播槍戰場面。

● 到底是誰開槍？

後來，臺北市警局舉辦 52 名有功的警員授階儀式，但授階典禮到一半，在五常街槍戰有功且原本可以掛上一線三星官階的警員鄒德瑞，卻向局長說「不」並拒絕授階，到典禮結束時制服上都是空的。

鄒警是圍捕林春生到現場支援的警察，他認為事後警察的報告，指出當時殉職的警員曹立民未發一顆子彈就中槍的說法是錯誤的，當時支援的警備隊也有相同看法。如果鄒警所說的是正確，那就代表警察的事後報告有偽造文書的嫌疑，那一切的指控將會落到建國派出所的主管 C 員警。

● 偽造文書有罪？

C 警當時因開槍有功破格升等，但後來被質疑在槍戰時沒有在第一時間到場，且到場後也沒開槍，事後還偽造文書，讓許多員警非常不滿。在檢察官調查後，也以偽造文書罪起訴 C 警。C 警當時涉及的刑法規定是刑法 213 條，公務員若明知道不實資訊還刊登在職權上可以寫的公文書，並且會損害公眾，是可以被判 1 年以上 7 年以下的有期徒刑。

一審時，法官認為 C 警未在現場更沒有開槍，所以偽造文書成立，判處一年有期徒刑，也因此被停職。然而到了二審，法官勘驗錄影帶時，發現 C 警出現在槍戰現場，再加上有其他警察的證詞能證明 C 警在場。也因槍戰時雙方開了很多槍，彈殼也未能完全找回，並不能因此認為 C 警沒有開槍。雖然 C 警在檢察官偵查時未通過測謊，但法官認為測謊本來就只能參考，不足以當作證據，最後改判無罪。事實到底如何？到底誰說了謊話？曾有媒體想在事後訪問鄒德瑞，但他至今仍不願多談這件往事。

或許，這件事情的真相，我們也永遠不會知道吧。

辣個我們都應該
要了解的
臺灣政治人物

1899

十一月

15

臺灣本土運動
重要人物：吳三連

1899 年 11 月 15 日，
臺灣本土運動的重要人士吳三連先生出生。

● 反抗日本殖民的先驅之一

　　說起吳三連，可能大家腦袋裡會先出現的就是「吳三連文學獎」，
這個讓人熟悉、冠上人名的藝文獎學金。不過，大家好像對冠名者有
鮮少的認識。

　　吳三連曾因為積極參與過林獻堂的「臺灣議會設置請願運動」，
並陸續透過發行雜誌撰寫文章，藉以批評當時的日本政府。甚至也曾
經當著總督府長官的面批評日本統治，成為日本政府中的眼中釘，時

常遭到當時「日本特高」的監視。

　　這樣激進的他，終於在發起反米管運動而遭日本政府逮捕，因而先後入獄並在日本政府施壓下「被離職」，之後遠赴天津。

● **中華民國來之後，轉向臺灣本土運動**

　　第二次世界大戰結束之後，於中國經商的吳三連協助旅中臺籍人士返鄉。228 事件爆發之後，吳三連在天津發表〈為二二八大慘案告全國同胞書〉，表示該事件源於「官逼民反」，企圖從外部給予當時的臺灣當局壓力。

　　從中國返回到臺灣以後，吳三連於當時的臺南縣選區參選 1946 年制憲國大代表，並以全臺灣臺灣第一高票（23 萬票）當選。之後又於 1947 年臺南縣選區，順利高票當選第一屆國大代表。

　　1949 年，打了敗仗來到臺灣的國民政府，希望可以藉由指標性的臺籍人士來維繫政權。於是在蔣介石的推薦下，1950 年吳三連成為第一任官派的的臺北市長，並也在國民黨的力挺下於 1951 年當選第一屆民選臺北市長。

　　然而，如日中天的吳三連也無法以支手之力對抗威權的白色恐怖。在那個高壓威權的時期，就讀臺灣大學經濟系的長子吳逸民，因爲閱讀馬克思的著作而在官邸遭到保密局逮捕。當時吳三連的兒子涉及《懲治叛亂條例》第 5 條：「參加叛亂之組織或集會者，處無期徒刑或十年

以上有期徒刑。」

政通人和的吳三連雖然透過友人請託，但仍然無法免除兒子於牢獄之災 —— 只是因為看了經濟系最基本的教科書的吳逸民，遭到判刑 13 年。

然而這個判決在 2018 年 12 月 7 日，在「促進轉型正義委員會」的公告中，宣告吳逸民參加叛亂之組織及叛亂案之有罪判決正式撤銷。

● 對抗國家，報紙來切入

無心繼任臺北市長的吳三連，於 1954 年在臺南縣議會議長的邀請之下，參選省議員之選舉，也順利當選，吳三連也順利回到臺南擔任省議員。

當時的紡織業是特許行業，在吳三連的協助下，吳修齊與侯雨利成立「臺南紡織」，展開了傳奇的「臺南幫」。

1959 年，政商關係良好的吳三連入主面臨經濟壓力的《自立晚報》，擔任該報社的社長與發行人。在《自立晚報》的經營上，吳三連也秉持最基本的中立、客觀與本土的基本原則，在當時的臺灣社會中，維繫著一片「言論自由」的淨土。

但當時國民黨政府不希望報業被黨外人士掌控，於是派人進入監督，確立了幾項「保報」原則，分別是「不挑戰元首尊嚴」、「不挑戰反攻大陸的國策」與「不報導國家機密事項」。

　　　　　　　　　　　　　　　　　　　　　　　臺灣法曆

在這些原則下《自立晚報》日後雖然幾次面臨停刊，但仍然詳實報導了彭明敏〈臺灣自救運動宣言〉事件、中壢事件、美麗島事件、桃園機場事件等事件，並在美麗島事件後協助家屬與受刑人的探監與監獄生活。

● 站在道德制高點，未必會前進

吳三連先生的某些作為擺在今天不免遭到放大檢視，像是透過政治的影響力維繫商業上的利益，以及面對威權政府似乎有那麼一點妥協。然而，我們或許可以換個角度想，吳三連先生也透過他的政通人和與柔軟身段，在威權社會裡撐開一些可以改變的破口。

成長於當代的我們沒有活過那樣的大時代，面對獨裁的政府起身反抗的是英雄，努力活下去並總是奮力堅守一些價值的人，也可謂是一種英雄。

神掌崛起

2000

十一月

16

國民黨清理門戶，
開除老宋黨籍

20 年前的今天，
國民黨因為宋楚瑜脫黨參選，開除他的黨籍。

● 宋楚瑜是誰？

　　宋楚瑜早年赴美求學，回臺後曾任前總統蔣經國的英文秘書與行政院新聞局長等職。在宋楚瑜擔任新聞局長任內，因《出版法》管制下對許多出版品以及歌曲的打壓，因而引起許多爭議。1994 年宋楚瑜在臺灣首次省長選舉中以 470 萬票高票當選，其任內積極走訪地方，也在新聞的配合下，讓「宋省長」形象深植人心。之後也有人取省長的諧音將宋楚瑜稱為「神掌」，這便是宋省長（神掌）的由來。

● 凍省事件，讓李登輝與宋楚瑜從「情同父子」到「形同陌路」

臺灣在 1887 年是隸屬於福建的一省，但在 1945 年成了「中華民國臺灣省」。因「中華民國」應代表全中國，因此臺灣省的範圍就是「臺、澎（金、馬是屬於福建省）」。在中華民國實質掌控「臺澎金馬」的情況下，造成「臺灣省」這個地方政府與「中華民國」中央政府功能大幅重疊。於是在 1998 年李登輝主導下，省政府成為中央政府的派出機關，大部分業務都轉到中央政府，這也就是俗稱的「凍省」。2018 年，行政院更將省政府機關預算全部歸零，省政府因而真正虛級化。

因凍省事件，李登輝與宋楚瑜關係逐漸惡化。最後因國民黨決定於 2000 年總統大選提名當時支持度較低的連戰參選，讓當時聲勢如日中天的宋楚瑜與國民黨決裂，他因而決定脫黨參選。宋楚瑜最後在大選中以些微之差敗給前總統陳水扁，實際上連宋兩人的票數合計獲得近 60% 的選票，遠高於陳水扁的 39%。2000 年大選國民黨最大的敗因得歸咎於藍營分裂，被指責為元兇的前總統李登輝之後也因此離開國民黨。

● 辣個男人或許會遲到，但將來可能真的會缺席了

宋楚瑜在離開國民黨後，2000 年正式成立親民黨並一路擔任黨主席至今，繼續在 2004 年總統大選以副總統候選人身分參選、2006年臺北市長選舉、2012、2016 及 2020 總統大選，至今五度參與總統大選。宋楚瑜選戰結果大都不理想，許多人也用「年年有瑜」等詞調侃他連戰連敗，不過親民黨也在這 20 年間於國會保有一定比例席次。在 2020 年的選戰，宋楚瑜不僅選輸總統大選，親民黨也沒有過 5%的選舉門檻，或許也真正宣告宋楚瑜的「終局之戰」。

而那個「省長」職位，隨著中華民國慢慢臺灣化，將臺灣當作「省」的地方概念也愈來愈少。20 年前的狀況，再也回不去了。

到底是誰
在耍北纜？

2006

十一月

17

北投纜車弊案

2006年11月17日，
檢察官認為前內政部長顏萬進涉嫌北投纜車弊案，
以貪汙等罪起訴，並求處有期徒刑12年。

● 什麼北纜

　　1989年起，陽明山國家公園管理處提出興建纜車計畫。1997年，在臺北市政府主導下，規劃了一條從捷運新北投站到陽明山國家公園的纜車路線，以BOT方式開發，定名為「北投空中纜車」。臺北市政府公開招標後因計畫變更，必須增加服務中心、住宿設施等，廠商多半認為利潤不高，因此沒有參與投標。

● 誰在北纜

　　2005年，北投纜車由甲公司得標，之後由甲公司成立的乙公司

與臺北市政府簽約。但乙公司董事長 A 和董事 B 覺得若山上的車站蓋「溫泉飯店」而不是「研習住宿設施」，一定可以發大財。但是如果要蓋溫泉飯店，一定要進行環評，但當初已經遭環保團體強烈抗議了，更何況是在「國家公園」裡蓋溫泉飯店，一定沒辦法通過環評。於是 AB 兩人賄賂陽管處處長 C 300 萬，C 於是放水讓他們蓋「長得像溫泉飯店的研習設施」。但乙公司的「研習設施」向內政部營建署申請建照時，卻被營建署打槍。於是 AB 找上當時的內政部次長顏萬進，前後賄賂顏萬進一百多萬。在雙重賄賂下乙公司終於拿到建照。C 退休後，接任的陽管處處長詹德樞發現這些事情，向政風單位報告，全案爆發。

● 如此北纜

檢方偵查後，13 年前的今天起訴顏萬進，除了北纜案之外，顏萬進還涉嫌收受復興航空的空白機票、擔任民進黨副秘書長期間侵占政治獻金、詐領證交所等案。2012 年高等法院更二審判決，顏萬進就北纜案、收受復興航空機票有罪確定，應執行 12 年 6 個月，褫奪公權 8 年。

● 不再北纜

北投纜車開發案因為弊案爆發的關係暫時停擺，而全案也在輿論壓力下，臺北市政府進行環評，並在 2012 年「有條件通過環評」。環評結果也引發相關民間團體不滿，並委任詹順貴律師等人對臺北市政府提起行政訴訟，並主張環評違法。在 2015 年，高等行政法院更一審仍判決臺北市政府敗訴，撤銷原本的環評決議。最終在敗訴後，臺北市政府停止北投纜車開發案 —— 前後延宕 30 年、經歷 5 任市長的北投纜車開發案終於告一段落。

1975

十一月

18

臺灣基督長老教會的
「三大宣言」

當教會槓上政府，
會發生什麼事？

1975 年 11 月 18 日，
臺灣基督長老教會發表宣言《我們的呼籲》，
要求政府重視基本權利保障。

● 長老教會在臺灣

　　19 世紀時，傳教士馬雅各及馬偕分別來臺灣南北宣教，長老教會因而落地生根。1951 年，南北兩會合併成立「臺灣基督長老教會總會」，並在「教會合一運動」背景下加入「普世教會協會（WCC）」。起初，國民黨政府並不特別關注教會活動，但 WCC 在冷戰氛圍下，接納了親共國家的教會成員，長老教會與當局的關係逐漸緊張。儘管教會聲明絕不支持共產主義，當年的「宣教百年紀念」仍受到警方嚴密監控，而後續施壓也迫使長老教會於 1970 年退出 WCC。當局以政治力干預宗教的作法，引起教會人士不滿。

● 不畏強權，發表三大宣言

1971 年，中華民國失去聯合國代表權，尼克森總統計畫訪問中共，引發國內對被併吞的擔憂。長老教會發表「國是聲明與建議」，強調臺灣人民雖背景不同，但都愛著這個島嶼，不願在共產極權底下生活，臺灣人民有權決定自己的命運。

聲明中也建議國民黨政府比照「西德模式」，全面改選中央民意代表。正是該主張觸怒當局，加強打壓教會。蔣經國總統繼任後，在「國語運動」的影響下，臺語和原住民語的聖經都被查禁，情治人員甚至進入教會沒收聖經。1975 年，長老教會再發表《我們的呼籲》，表示在國家危急存亡之秋，教會應擔起責任，積極關心臺灣的未來。同時也呼籲當局徹底實施憲法並保障人民的宗教自由等權利。

美國與中共建交之際，長老教會發表「人權宣言」，強調臺灣的將來應由臺灣住民決定，並請求政府面對現實，採取有效措施讓臺灣成為「新而獨立的國家」。這個宣言顯然踩到當局底線，雖然隔年聲明表示「與臺獨無關」，卻免不了國民黨追究相關人士。

● 不只安分守己，也付出關懷

「三大宣言」喚起宗教人士關懷國家前途，後來許多公眾議題都可以看到長老教會或其他宗教團體表達意見。不過當同性婚姻議題被提起，教會立場變得相當尷尬，人權追求和教義之間不免產生衝突。但也有部分教會力挺，認為宗教更應力挺基本人權。不可否認的是，正因為這些宣言，讓後續黨外運動風起雲湧，長老教會對於推動臺灣民主、自由及人權的貢獻，不可抹滅。

為什麼
開票就會停電？

1977

十一月

19

中壢事件
抗議選舉做票

1977 年 11 月 19 日，在桃園縣長開票時，
因為有人選舉作弊而導致群眾不滿，
進而爆發了著名的「中壢事件」。

● 事件怎麼開始的呢？

　　當年，臺灣地方公職選舉，國民黨提名歐憲瑜參選桃園縣長，原
國民黨籍省議員許信良因未受提名而自行宣布參選，也因此被國民黨
開除黨籍，不過並不影響許信良的地方聲勢。當時臺灣選舉做票極其
猖獗，常在投票結束、開票前，投票場所就會停電，然後國民黨候選
人就會當選。如 1975 年增額立委選舉中，黨外人士郭雨新就是因做
票而「被落選」。為避免同樣情況再次發生，許信良召集一千人前往
投票所監票。即便如此，做票弊端還是發生。開票期間，中壢市中壢

臺灣法曆

國小的第 213 號開票所，證人邱奕彬及林火煉指控，時任中壢國小校長監選主任范姜新林，將投給許信良的票視作廢票。范姜新林否認。檢察官卻將投票人移送警局，並讓范姜新林繼續開票。此消息一出，激起上百名民眾憤怒，前往第 213 號開票所找范姜新林理論，但警方卻護送范姜至中壢分局，民眾則包圍中壢分局抗議。

● 衝突的爆發與發展

　　民眾在警局外等不到回應，傍晚時分開始向警局丟石頭、企圖衝入警局、推倒警車，警方因此撤往附近消防局。在晚間 7 時，警方開始向民眾發射催淚瓦斯，但效果不彰。部分民眾更放火燒警局及警車。警方於晚間開槍射擊民眾，導致一名中央大學的學生江文國頭部中槍死亡，另有 19 歲的張治平送醫不治、及 16 歲的劉世榮重傷。全中壢更被軍憲警封鎖，群眾才逐漸散去。

　　2014 年，有媒體報導一名自稱當時為警備總部的便衣憲兵，為製造民眾搞破壞的情狀，帶兵混入抗議群眾中鼓譟，自導自演縱火中壢分局。

　　次日，全國各家媒體對中壢事件未有過多著墨。事後檢察官以證據不足為由，對范姜新林不起訴；證人邱奕彬卻被以任意汙衊依法執行任務選舉監察人的偽證罪，遭檢察官起訴，並被判有期徒刑一年半，緩刑三年（邱奕彬在兩年後爆發的美麗島事件中，即便未參與事件，也無端被政府逮捕並遭刑求，讓邱奕彬一度咬舌自盡）。

　　也因中壢事件，讓桃園全部重新開票，並每張都亮票唱票。最後許信良以 22 萬票對歐憲瑜 13 萬票，勝選桃園縣長。兩年後因許信良參與遊行，聲援被政府逮捕的余登發父子（高雄橋頭事件），遭監察院彈劾，並遭公懲會處以休職兩年處分。只當兩年縣長就被國民黨趕下台，事後更因美麗島事件而被滯留美國，成為黑名單人士長達 10 年。

　　投票現在來看很簡單，但在 30 年前，那是一個要用命才能拚到勉強公平的時代。

我不爽，
我就引爆瓦斯殺人

1992

十一月

21

神話世界 KTV
瓦斯爆炸
導致 16 人死亡

1992 年 11 月 21 日，
神話世界 KTV 包廂內遭人以打火機引爆瓦斯桶，
造成 16 人死亡。

● 發生什麼事

　　1992 年 11 月 21 日，計程車司機湯銘雄在臺北中山區的神話世界
KTV 外，與人發生衝突，他誤認起衝突對象是 KTV 員工，於是抱著
瓦斯桶衝進包廂，用打火機將其引爆。然而他想要尋仇的對象根本不
在人群中，且這間 KTV 並未經合法登記，逃生出口也因長年違法堆放
雜物，許多人當時無法順利逃生，造成 16 人死亡。

鑄下大錯的湯銘雄，與只顧利益的業者，讓 16 條人命葬身火海。法官最後判湯銘雄死刑，在獄中他不斷寫信向家屬道歉。然而只有死者杜勝男的姐姐杜花明，接受他的道歉。她原諒也感化了殺害弟弟的兇手。杜花明陪著湯銘雄走完人生最後的日子，湯銘雄對自己的行為曾深切表示懺悔，並感激杜花明能原諒自己的過錯。

● 殺錯人怎麼辦呢？

　　湯銘雄當時在滿腹怨氣及渾身酒氣之下，抱著瓦斯桶企圖報復 KTV 及衝突對象，但在案發前與他起衝突的對象，當時根本不在 KTV 內。而湯銘雄的行為在刑法上該如何被評斷呢？

　　首先，湯銘雄是犯了刑法 271 條殺人罪，而殺人罪就是你要有殺人的「故意」，並把你想殺的人有殺死的「結果」，就會成立。但今天湯殺錯人，在刑法上，如果心裡想的和做出來的行為不同時，我們會將它稱為「錯誤」。在這起事件中符合了「客體錯誤」的錯誤類型，也就是發生了「誤認」。原本要殺 A 卻誤殺害了其他人，不論是他想殺的人或是最後殺錯的人，都是生命的逝去，所以在刑法上還是評價行為人就其行為成立殺人罪。因此在這起事件中，不論湯銘雄是否誤認衝突對象在 KTV 中，他的行為都會被認定有殺人的「故意」。

● 死刑，或許就是永遠辯論的議題

　　《我們與惡的距離》深刻地讓我們知道，死刑固然存在於我國的刑法中，但我們與「惡」的距離，即是社會上人與人之間的距離，這點無庸置疑。或許不能只透過法律如此單一的處理方法，在面對死刑犯如此具爭議性的問題，最重要的是如何修補被害者家屬心中的傷痛，或許才是最重要的。

你有看過上千名
戴著「黑名單」面具
的人嗎？

海外黑名單郭倍宏
闖關回臺的故事

**1989 年 11 月 22 日，被列為「黑名單」且偷渡回臺的郭倍宏，
現身造勢場合並全身而退，
堪稱臺灣民主運動史上「傑出的一手」。**

● 我把警察耍的團團轉

　　過去《國家安全法》第 3 條第 1 項的規定是：「人民入出境，應向
內政部警政署入出境管理局申請許可。未經許可者，不得入出境」（現
已刪除）。也就是說，若國家沒有點頭，可以拒絕你進臺灣。所以當年
政府透過情治單位與職業學生嚴密監控海外民主人士，讓他們護照到
期後回不了臺灣，使得許多海外臺人只能在海外成為無國籍人士或改
換他國國籍。這些回不來的人，也被稱作「黑名單」。

1989 年，臺獨聯盟美國本部主席郭倍宏悄悄返臺，情治單位獲悉立即懸賞 220 萬元，參謀總長郝柏村也發出通緝令。雖有巨額懸賞，郭倍宏仍將情治系統耍得團團轉。不但高調到臺南參加民進黨全代會，還留下一張照片 —— 站在不知情的警察後面，笑得很燦爛，更被當作選舉文宣。

郭倍宏與國民黨的捉迷藏在 11 月 22 日這天來到最高潮 —— 郭倍宏事前預告這天他會出現在立委候選人盧修一、省議員候選人周慧瑛在中和體育場舉辦的聯合造勢晚會。警方不敢大意，當天也在造勢場外佈下天羅地網，始終沒看到郭倍宏現身。突然燈熄滅了，再次亮起時，郭倍宏出現在講台上，對台下數萬群眾高喊：「推翻國民黨，建立新國家」，並直接召開中外記者會。演講後現場燈光立即熄滅，燈光再度亮起時，數千名群眾臉上戴著「黑名單」面具，讓警察完全找不到郭倍宏，他也因而脫身，數週後重返美國。

● **掩蓋身分辨識的權利應該留給人民**

《集會遊行法》第 14 條第 6 款目前仍然保留主管機關限制「關於妨害身分辨識之化裝事項」的規定。香港禁蒙面法惹議時，時任內政部長徐國勇曾表示，現行法律規定可以根據個案做出必要考量，讓警方在執法時有這項限制權，如遇聚會遊行可能發生違法、暴力行為等疑慮時，才會視實際情形加以限制。

然而該回答同時也證明在現行法下，警方仍然享有在個案有事前限制人民掩蓋身分辨識的權利。但怎樣的情況是「發生違法暴力行為之虞」，是難以有事前客觀的判斷標準。若今天當權者想要警察「硬一點」，就可以透過該規定限制人民掩蓋身分辨識的權利。因此這個條文是否妥當，仍有值得討論的空間。

也因此要求制定一部適當的《集會遊行法》的聲音，從來沒有停過。

1990

23

十一月

《精神衛生法》
的通過與爭議

精神病患，
不要
《精神衛生法》！

1990年11月23日，立法院三讀通過《精神衛生法》。

● **是什麼人，被隱藏在社會的黑暗角落？**

　　精神科醫師陳永興任職療養院期間，尋訪全臺灣八十家公私立醫院及療養院。他發現當時精神疾病醫療水準相當低，醫病比例懸殊，一位醫生也時常需照顧數百名病患。有些病患甚至被遺棄或被監禁在私人收容所，毫無人權可言。為此他寫下《飛入杜鵑窩》一書，也開始推動精神衛生法制化。

　　1984年間連續發生數起社會事件，一名病患雙手上銬逃出「龍發堂」，被誤認是逃犯，觸動霹靂小組。另一起事件是一名精神狀態不佳的男子衝進國小，用硫酸潑向學生再用刀自戕。這些案件讓時任政

府壓力相當大，最終通過《精神衛生法》。但當年立法院通過《精神衛生法》時，看似進步，卻引起不少的爭議。

● 想給予治療，卻遭反對

《精神衛生法》通過前幾年，遭到長期收容精神病患者的私人機構「龍發堂」反對。創辦人釋開豐率領「堂眾」抵制，連將病患送到「龍發堂」的家屬也反對。因為「龍發堂」提供病患一個生活處所，讓家屬不必同時面對經濟和照顧負擔。

因為後來通過的條文中，規定病患的「法定代理人」、「配偶」、「家屬」及「收容機構」有協助病患就醫的義務，若病情嚴重，親人可能要擔任「保護人」，也有義務及可能責任，相比龍發堂有更多負擔。也有人質疑「龍發堂」已存在數十年，顯示它在病患照顧上有一定地位，當時醫療技術及環境尚未建構完整，政府介入不一定妥當。所以這部法律，在當時受到不少龍發堂的人反對。

● 在找到問題出口以前，當個善良的人

隨時間過去，精神病患者的醫療照顧體系漸漸改善，「龍發堂」後來也暫停照護業務。然而《精神衛生法》仍面對一些問題。例如，條文規定若病情嚴重的病患已經或可能傷害自己或他人，經醫生診斷必須住院，但病患卻不願意時，須進行「強制鑑定」確定是否有必要住院，但鑑定期間卻限制在「兩天內」。有人質疑時間如此緊迫，鑑定容易出現疏漏。不過，若認為緊急安置或強制住院是有問題的，法律也已規定可向法院申請救濟來停止安置或住院，這個規定也顯示人權保障的進步。

當社會安全、病患人權及家屬負擔之間產生衝突時，究竟該如何調節，仍是目前急需解決的難題。

鄉愁是一灣
淺淺的海峽，
通緝犯就在那裡

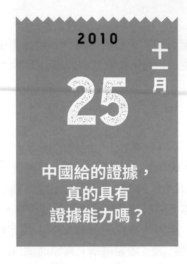

2010

十一月

25

中國給的證據，
真的具有
證據能力嗎？

2010 年 11 月 25 日，媒體報導逃亡中國的前立委郭廷才，
在廣東落網，將被押解回臺。

● 還記得誰是郭廷才嗎？

　　郭廷才曾市國民黨立法院黨團副書記長、工作會委員長、也是財
政委員會召集人，在擔任東港信用社理事主席時掏空東港信用合作社，
最後臺銀接管時留下近 33 億的損失。涉犯重罪的他在 2005 年逃亡中
國，2010 才遭逮捕押送回臺，2015 年保外就醫時病逝於醫院。

● 政治擺一邊，壞人一起抓？

　　2008 年總統大選政黨輪替後，對中國政策也在「撇開意識形態，

達成實際效果」聲浪下，重新展開制度性會談並快速加溫。歷次海基
會與海協會的江陳會談，洽談包機、旅遊、擴大直航、食安及共同面
對金融風暴等事項。

2008 年 11 月，第二次江陳會談在臺灣舉辦，雖受民進黨為主的
反對聲浪，甚至爆發野草莓運動，但反對運動並未獲得當時主流輿
論認同，甚至被貼上「恐中」、「暴力」等標籤。這樣的社會氣氛下，
2009 年第三次江陳會開始逐步討論制度性內容，在「一起抓壞人」的
前提下，簽訂《海峽兩岸共同打擊犯罪及司法互助協議》。就雙方檢
察及警察機關基於個案的情資交換、共同偵辦、調查取證等合作，成
為長期及制度性的規定。中國公安取得的證據也開始出現在臺灣法庭
中，而臺灣潛逃中國的罪犯，如郭廷才這類耳熟能詳的指標性通緝犯，
也在協議簽訂後不久於中國遭逮捕，並遭返回臺灣。

● **當司法也成為兩岸角力槓桿，何為正義？**

兩岸民間交流下必定產生許多法律爭端，從這個角度看，兩岸司
法互助協議或有必要。把在臺灣判決後逃到中國的罪犯送回臺灣關，
也相當程度符合臺灣人民期待。但簽訂後並非沒有爭議個案，如赫赫
有名的「杜氏兄弟案」，面對中國送來不利證據，一審法院原認為這
些證據的可靠性有疑義，因此判決無罪。但案件到最高法院時，法院
認為中國《刑事訴訟法》「其修正內涵兼顧打擊犯罪與保護人權，並
重視實體法之貫徹與程序法之遵守，雖非完美無瑕，但對訴訟之公正
性與人權保障方面已有明顯進步，故該地區之法治環境及刑事訴訟制
度，已有可資信賴之水準。」最後杜氏兄弟被判死刑定讞，在 2014
年被執行死刑。

此案的死刑引起學界及部分實務界的批評，認為中國在法治上不
完整，怎能草率全盤接收中國法庭所認定的證據？也讓這個死刑，成
為永恆的爭議決定。

戒嚴時期
最大的
臺獨運動

1923

十一月

26

臺灣獨立運動先驅
蘇東啟誕生日

1923 年 11 月 26 日的今天，
是戰後臺灣黨外民主運動及臺灣獨立運動的先驅，
蘇東啟的生日。

● 蘇東啟是誰？

　　蘇東啟生於日治時期臺南州北港街（現雲林縣北港鎮），曾考入日本中央大學政治系。二戰期間為了加入抗日方，1943 年前往中國並加入國民黨。戰後因 228 事件，蘇東啟決定回到故鄉雲林參選公職。1951 年，蘇東啟首次參選雲林縣議員失利，但 1953 年至 1960 年蘇東啟均以最高票當選，連任四屆雲林縣議員。他對政府施政毫不留情批判的作風，在民間有「蘇大砲」之稱。他也在省議員選舉中支持中國青年黨籍候選人李萬居省議員，被國民黨開除黨籍。

● 又來了，最可怕的「二條一」

　　1960 年蘇東啟參選雲林縣長，聲勢雖大好，卻在差距極小狀況下落選。後來蘇東啟、雷震與郭雨新、許世賢、高玉樹等人籌組「中國民主黨」，卻因為雷震被捕失敗。

　　1961 年蘇東啟在雲林縣議會提案「敦請總統特赦雷震」，獲得議會通過，震驚黨國。當時張茂鐘策劃發動武裝革命，占領電台鼓吹推翻國民黨政府及臺灣獨立，並獲得蘇東啟支持（也有文獻認為蘇東啟並不支持）。隔天凌晨，警總馬上以叛亂罪逮捕蘇東啟與蘇洪月嬌。而蘇東啟案共牽扯四百多人被捕，是白色恐怖期間最多人被逮捕的「叛亂案」。後來軍事法庭以「二條一」（懲治叛亂條例第 2 條第 1 項，意圖顛覆國家唯一死刑）判處蘇東啟等人死刑，卻引發輿論譁然，包括雲林縣議會向軍事法庭表達強烈抗議，海外輿論也紛紛施壓。最後政府不得不以「原判事實欠明，用法量刑失當」為由改判蘇東啟等人無期徒刑。蘇東啟的太太蘇洪月嬌因此案遭捕，當時他們的幼兒甚至也一同入獄數次。

● 終於平反

　　蔣中正死亡後，政府因此「特赦」政治犯，蘇東啟因而出獄。出獄後因被褫奪公權的關係，由蘇洪月嬌投入政壇參選雲林縣議員。女兒蘇治洋與蘇治芬後也投入政治，形成「雲林蘇家」的政治勢力。

　　1992 年，蘇東啟在雲林北港逝世。2005 年蘇東啟的女兒蘇治芬當選雲林縣長，完成父親 45 年前的未竟之功，也在 2020 年雲林第一選區連任立法委員。

　　2018 年 10 月 5 日，促轉會的第一波「有罪判決撤銷」中平反蘇東啟，而蘇東啟案中共有 41 人在第一波撤銷名單中。

民主之鳥，
被關進鳥籠

2003

十一月

27

實現公民投票
的坎坷路途

2003 年 11 月 27 日，
《公民投票法》依照國民黨及親民黨版本三讀通過。

● 為了自決，推動公民投票

　　中華民國退出聯合國並與美國斷交後，臺灣前途陷入未知數。後來為了讓臺灣人民決定自己的未來，並爭取國際社會支持，蔡同榮博士回臺成立「公民投票促進會」，更以立委身分提案連署《公民投票法》。其中「公投適用事項」包括國旗、國歌、國號、領土變更及國家主權等國家定位議題。公投草案雖得到民進黨支持，但也有人擔心這些事項變更一旦通過，可能觸怒中國讓臺灣陷入危機。因此在 2003年，朝小野大的立法院通過國親版本的《公民投票法》。

● 公投，一隻飛不出籠子的鳥

此公投法卻被戲稱「鳥籠公投」。因為若要提公投案，提案人數須達到「最近一次總統及副總統選舉人總數 5/1000 以上」門檻，才能送交「公投審議委員會」審查。審查通過後還需「5/100 以上」並於 6 個月內完成連署。最具爭議的門檻就是俗稱「雙二一條款」，若「投票總數」未達「投票權人總數 1/2 以上」或「有效同意票」未超過「投票人總數 1/2」，提案就視為「否決」。假設有 100 人可投票，須超過 50 人出來投票，且全數支持「同意」選項，否則就不會通過。這個門檻不僅幾乎不可能達到，也被用來當作操作結果的工具，當時草擬公投法的陳文茜就曾表示這是蓄意設計的。

● 飛出鳥籠，就能贏來自由？

2017 年立法院通過公投法修正案，調降提案及連署人數門檻，將「雙二一條款」改為「有效同意票」達「投票權人總數 1/4」，且「多於不同意票」就通過，終於打開公投鳥籠。此外公審會也被廢除，年齡門檻下修為 18 歲。然而，衝破籠子的鳥並未立刻嚐到自由的空氣。2018 年地方公職人員選舉時，有十案的公投題目等待民眾投票，不僅在成案時有「死人連署」的狀況，更有出現違憲題目，還出現各種不正確資訊，對臺灣社會造成分裂及傷害。

因此 2019 年立法院再通過公投法修正案，透過拉長查對連署書及公告時間，減少「死人連署」的情況，增加社會理性溝通時間。為避免公投成為政治操弄工具，並降低選務人員負擔，也將公投與大選錯開時間舉行。然而該作法也有不少人質疑，是讓公投重新回到籠子裡。

但是我們永遠不知道什麼是正確的，總是需要各種試煉，才會慢慢找到適合的規範。

白色恐怖時期下的悲歌

1969

十一月

28

全國青年促進會的
成員於今日宣判

1969 年 11 月 28 日，
包含臺北市議員林水泉在內的
「全國青年團結促進會」一案宣判。

● 組織，來對抗

　　1960 年代的臺灣已有地方選舉，許多臺籍青年藉選舉宣揚理念，
試圖取得參政機會。但因力量分散無法撼動國民黨政權，所以 1966
年陳光英、林中禮、吳文就等年輕人組成「全國青年團結促進會」，
希望結合零落力量，以較有組織的方式參與選舉，尋求體制內的改變。
「全國青年團結促進會」主張「建設新國家，成立新政府，制定新憲法」，
部分成員與赴日留學的成員及日本臺獨組織接觸，有了武裝行動對抗

政府的想法，如炸毀軍事基地、暗殺官員等。但組織早已被調查局滲透，1967年中華民國政府逮捕全國青年團結促進會成員，共274人受牽連。

● 這條可怕的規定又來襲：二條一

其實全國青年團結促進會的許多成員並不知詳情，包含被指為主謀的林水泉根本不知該會存在，他是被情治機關威脅才編出這場臺獨行動。除林水泉外，吳文就、林中禮等人也否定該會目的是要促進臺獨。也有人認為這是當局藉部分犯罪者與他人的連結，打擊臺籍青年參與反對運動，縱使是想藉由和平的體制內運動。1969年11月28日，林水泉等人被軍事法庭判《懲治叛亂條例》第2條第1項，也就是俗稱「二條一」，判處12到15年不等的有期徒刑。

「二條一」是犯當時《刑法》第100條等罪，加重到唯一死刑的規定。據當時《刑法》第100條非常寬鬆的規定，只要「著手實行」內亂就會成罪。什麼是「著手實行」？在當時《懲治叛亂條例》規定一律由軍事法庭審判的情況下，國家說你是叛亂，那你就是叛亂。許多人因「二條一」白白耗了數十年的青春，甚至被「國家機器」奪走性命。本案的「主謀」林水泉，直到1977年才因蔣介石之死，才被政府「大赦」而出獄。

● 轉型正義

在白色恐怖時代，許多人矢志反對集權政府。有主張臺獨的和平運動、激烈武裝行動，當然也有中共滲透的團體。依當時法律都可以對這些「反對者」處以重刑，縱然承認當時若不維持政權穩定，極有可能連臺灣都被共產黨拿下。但以現今的角度，其實有許多人是被誣陷，是政府為自身利益而羅織罪名的受害者。

辣個對抗
選舉作弊的人

1999
十一月
30
前民進黨黨主席
黃信介過世

1999 年 11 月 30 日，那個對抗作弊選舉、
外號「信介仙」的前民進黨黨主席黃信介過世，
來不及看到同黨的人當選總統。

● 「信介仙」與轟動全臺的作票案

　　黃信介是美麗島事件主要人物之一，曾當過立法委員、民進黨黨
主席，是臺灣早期民主運動先行者。最令人津津樂道的就是他曾在花
蓮力抗作票的故事。1992 年，要進行臺灣史上第一次立委改選，在花
蓮縣要選出兩位立委，當時大家都看好國民黨的謝深山以及黃信介來
拿下花蓮唯二的席次。
　　但此次選舉卻發生一件轟動全臺灣的事。

開票當晚，國民黨謝深山得到最高票，國民黨花蓮市長魏木村得到第二高票，民進黨黃信介為第三高票，且黃魏只差 62 票，這時所有黃的支持者都陷入失落中。此時黃信介競選總部接收到「作票」消息，監票人員發現「領票數」和「開票數」不符，也就是有所謂的「幽靈選票」。當時不滿的民眾鼓起勇氣 —— 別忘了當時上街抗議是需要勇氣的 —— 要求全面驗票，並在政治壓力下開票匭驗票。

有趣的是，因當時《公職人員選舉罷免法》中沒有單純「驗票」機制。「非訟驗票」的規定是在 2007 年的選罷法中訂定，並規定若差距千分之三，次高票或第四高票的人可聲請重新計票。也就是說，此案的驗票算是「準政治決定」，而非法律規定。

後來果然發現有些選民的手印是「偽造」的，且有非常多投票所有很多「幽靈選票」，最後發現共多出 736 張選票。此消息立刻震驚全臺，也讓大家意識到原來可以這麼正大光明作票。經調查發現，原來是魏木村的弟弟魏東河議員，早就買通工作人員，讓他們把多餘的空白選票，偷偷蓋給魏木村讓他當選。因此魏木村、魏東河、當時市公所課長及兵役課長等 27 人遭起訴，有多人承認收錢替魏作票。檢察官提起「選舉無效之訴」，範圍限於花蓮市的 13 個開票所。而法院認定 729 張「幽靈選票」中，有 534 張是投給魏木村，所以扣掉後，黃信介成為第二高票當選立委。

● 正義來了嗎？怎麼好像沒有？

當時功不可沒的兩位檢察官洪政和與賴慶祥，並未因為終結臺灣目前最後一次大規模作票而受肯定，反而被法務部以偵辦作票案導致積案太多為由懲處。

魏木村及魏東河，因賄選案分別被判刑一年及兩年十個月。魏東河出獄後，又涉及多起刑事案件，兒子魏嘉賢後來也擔任花蓮縣議員，更在 2018 年花蓮市長選舉以高達 78.47% 得票率當選，且另外兩位兒子也當選市民代表。

DECEMBER

十二月

那些，用生命在拚自由的年代

我不是兇手，
為何監獄
還不讓我寄信？

2017

十二月

1

史上
被羈押最久的人：
邱和順

2017年12月1日，大法官作成大法官解釋，
讓受刑人可以透過訴訟來挑戰監獄不合理的管理措施。

● 邱和順：被監獄管理人控制的受刑人

　　邱和順因涉入「陸正」及「柯洪玉蘭」兩件殺人案，被法院判決死刑確定。但因檢警辦案過程有瑕疵，如為殘忍的刑求（辦案的警察因此被判刑）、法院將被告的自白當作唯一證據。邱和順案也被國際特赦組織注意到，並發布聲援書；臺灣法律學界、公民團體抗議本案訴訟程序的不公正，造成邱和順這個大冤案。邱和順從1988年案發被羈押到今天，成了臺灣司法史上被羈押最久的人。
　　但他在獄中，又發生了一件事。

邱和順在看守所中寫了個人回憶錄，打算寄給出版社出版。臺北看守所在看完之後，覺得不行，竟沒幫他寄出去，並要求邱修改後才能寄出。但邱和順不願意改，所以就一直沒有寄出去，而想要提起行政訴訟告臺北看守所。

但是法律規定，「受刑人」是來受處罰的，所以你不能提起訴訟。且監獄本就可以依法審查受刑人的「信件」。於是邱主張某些規定已侵害他在憲法上的「思想自由、言論自由、隱私權、祕密通訊自由以及訴訟權」，因此聲請大法官解釋。

● 大法官說：「受刑人也有訴訟權！」

就在兩年前的今天，大法官罕見一次公布兩號解釋，兩號解釋合併的結果就是：

「法律不可以不讓受刑人『訴訟』。」大法官認為，受刑人也是中華民國的國民，當初跟人民說好的遊戲規則是「如果你犯罪，國家限制你的『人身自由』」——但這並未限制受刑人的「訴訟權」，所以受刑人當然有提起訴訟權的權利。

另外，監獄原則上不可審查「受刑人」的信件！理由一樣，受刑人也是人，本就有言論自由等權利，不可隨意禁止。除非要檢查信件是否夾帶違禁品，只能快速看一下。但不可以審查信件的「內容」，這樣是過度限制受刑人的言論自由。

● 社會陰暗的角落，不是蓋上黑布就以為不存在

雖然受刑人多半是破壞社會秩序的犯罪者，但一個人的犯罪有很多因素。若受刑人總有一天會回歸社會，法律還是要視為一個「完整的人」來看待。只有把一個人當作人，他也會把自己當作一個完整的人，更何況如果是一位冤枉的人呢？希望冤案能愈來愈少，也祝福邱和順可以早點受到公平的審判，還給他原本應有的生活。

當一個
女性政治人物
被殺

1996

十二月

2

至今仍未找到兇手
的懸案

1996 年 12 月 2 日，
為調查彭婉如案，警方展開大規模搜索。

● 畢生為女權奮鬥的彭婉如

　　彭婉如畢生為女權奮鬥，曾任婦女新知基金會秘書長、臺北市婦女救援基金會董事等。後為更有能量爭取女性權利而加入民進黨，成為民進黨婦女部主任，極力推動婦女參政四分之一保障條款。但在通過四分之一保障條款的全代會上，卻未看到彭婉如的身影。歷經警方搜查，終於發現疑似遭性暴力身亡的彭婉如遺體。

● 案發後續

雖找彭的到遺體，但警方搜索卻遲未有進展，這 23 年間經常傳出的線索也都被證實是空穴來風。在彭逝世後，社會有許多改變，在立法院擱置許久的《性侵害犯罪防治法》通過，臺北市政府也成立婦女保護中心並設置 24 小時的婉如專線。1997 年彭婉如基金會成立，繼續彭婉如生前未竟之志。

也因媒體報導追訴權時效即將到期，彭婉如在民進黨內的同志們也推動追訴期的修法，在 2019 年追訴權時效有了重大修法。未來犯最重本刑為死刑、無期徒刑或十年以上有期徒刑之罪者，這些犯罪若發生死亡結果，追訴權時效將不受 30 年限制。此外在刑法施行法也一併修法，將本次修法之前，已開始計算追訴期，且屬於上述但書狀況的案子也一併適用，也就是彭案將無追訴期限制。

● 追求更平等的社會

彭婉如逝世至今 23 年，社會是否更加重視性別平等了？至今還是有許多政治人物一直不斷地說出性別刻板印象的言論，甚至摧毀好不容易往前進的性平教育，這無疑不斷加深性別間的對立。在 2020 選舉完後，臺灣第一位女總統連任，也將近有 42% 女性進入國會，外媒甚至稱臺灣是一個性別平等走很前面的民主國家，且女性立委比例是亞洲之冠，位居全世界第 16 名。

女性立委比例很高，主要也是因為《憲法增修條文》規定：「第三款依政黨名單投票選舉之，由獲得百分之五以上政黨選舉票之政黨依得票比率選出之，各政黨當選名單中，婦女不得低於二分之一。」也因此讓不分區立委名單保持很高的女性比例。

臺灣的性別平權，我們一定會走到那條路上。

當調查局局長，跑去跟總統打小報告

2008

十二月

4

局長跟總統洩密
而被判刑

2008年12月4日，
前調查局局長葉盛茂因向前總統陳水扁洩漏洗錢情資、
向立法委員柯建銘洩漏檢調即將搜索他的辦公室等案件，
被臺北地方法院以瀆職、洩密等罪重判有期徒刑10年。

● 洗錢與搜索

　　2006年，英國澤西島金融情報中心透過「艾格蒙聯盟」通知調查局洗錢防制中心，總統夫人吳淑珍的哥哥吳景茂涉嫌洗錢。當時吳淑珍已因涉嫌國務機要費案被起訴、女婿趙建銘也因台開內線交易案被起訴。當時擔任調查局局長的葉盛茂知道後，不但隱瞞相關情資，還直接到總統府向總統陳水扁報告相關的情資。

2008 年，立法委員柯建銘因涉入「花蓮三棧礦場土石外運案」，特偵組、新竹地檢署決定在 4 月 22 日發動搜索。然而葉盛茂得知檢察官即將搜索的消息後，在立法院告訴柯建銘，並當場打電話給調查局南機組主任 A，詢問搜索相關細節。A 發現電話那頭不是自己的長官，而是即將搜索的對象柯建銘，在掛掉電話後的震驚之餘，馬上向特偵組檢察官報告搜索行動已洩漏，檢察官在評估後決定取消搜索計畫。

● **保密**

「艾格蒙聯盟」是一個國際洗錢防制組織，根據聯盟情報交換原則，若會員國要將情資提供給第三人，須得到提供國同意。換句話說，葉盛茂將陳水扁家族涉嫌海外洗錢的情資告知陳水扁，已違反聯盟情報交換原則。此外，當時包括總統夫人吳淑珍、總統女婿趙建銘等人都因涉嫌金融犯罪而被起訴。法院認為葉盛茂身為調查局長，邏輯上不可能不知這份情資和總統家族涉入的洗錢犯罪有關。另外，「搜索」原則上不應在事前讓被搜索人知道，但葉盛茂身為調查局長卻濫用職權打電話給調查局偵辦人員，並且和「即將被搜索」的柯建銘通話，也構成刑法的公務員洩密罪。

● **判決**

東窗事發之後，就在 2008 年前的今天，臺北地方法院一審判決，葉盛茂將洗錢情資報告給陳水扁，成立公務員圖利罪並處有期徒刑 6 年 8 個月。而告知柯建銘將被搜索，則成立公務員洩密罪，處有期徒刑 2 年 6 個月，合併執行有期徒刑 10 年。不過，案件到了二審，法院認為原本圖利罪的部分，葉盛茂將艾格蒙聯盟的資訊告知陳水扁，並未讓陳水扁的財產增加，因此並不成立「圖利罪」，改判隱匿公文罪，處有期徒刑 3 年 9 個月。

小心，
間諜就在你身邊？

2003

十二月

6

王雪紅夫婦
被起訴求刑 4 年

2003 年 12 月 6 日的今天，
威盛電子董事長王雪紅（就是 HTC 的那個王雪紅）與丈夫陳文琦，
因涉嫌指示工程師 C 竊取同業機密，
被臺北地檢署起訴，求處有期徒刑 4 年。

● 工程師可以當間諜？

　　C 從 1995 年間起在「威盛電子」任公司市場部經理，但是他在 2000 年從威盛離職，並自 3 月 1 日起改到「友訊電子」工作。但是 C 仍持續領威盛的薪水，手上的威盛股票也繼續獲利，繼續使用威盛公司的各種福利。C 在友訊公司任職後，參與某個專案計畫，計畫執行

完畢後於 2001 年 5 月底請辭。離職後 C 竟又回到威盛電子上班，並延續先前的員工編號，負責和友訊業務重疊、具競爭關係的網際網路系統晶片設計。後來更發現在威盛電子技術交流資訊網站中，出現友訊電子機密資訊，並享有著作權晶片模擬測試程式檔案的電腦程式著作 —— 友訊電子於是懷疑 C 是威盛電子派來的商業間諜。

後來，王雪紅夫婦與 C 被檢察官以涉犯刑法背信罪等罪起訴。

● 法院怎麼說？

後來，法院認為該網站的帳號密碼，並非僅限於威盛電子公司之員工才能取得，且參與計畫的人員眾多，難以認定上傳程式的人確實就是 C。至於 C 沿用舊員工編號並非只有在他身上發生，之前也曾有過其他員工回任並沿用的情形。

C 從威盛離職後還繼續領 20 多萬的薪水，是由於當時董事長在國外，無法立即核批，才拖到 6 月批准辭呈完成離職手續，再加上公司曾有人事主管異動才導致誤發。至於領取 2000 年度威盛公司的股利，那些股票並非因員工分紅而取得，C 只是以股東身分領取該領的股利。

離職後未能即時辦理退保者並非僅有 C 一人，所以綜合判斷後，沒辦法直接認定威盛公司把 C 在友訊電子工作時，仍把 C 當自家員工，也沒有要派 C 當間諜竊取友訊電子機密的意圖，因此三人皆不成立背信罪。

教官，
應該離開校園嗎？

1993

十二月

7

教官跟國防老師，
學校應該選哪一個？

1993 年 12 月 7 日，學生衝進立法院並蛋洗教育部，
抗議大學設置軍訓室，埋下今日要求教官存廢爭議的未爆彈。

● **軍訓室設立的開端**

　　1993 年 12 月 7 日早上，一群學生要求進入立法院旁聽《大學法》
修訂，卻被以旁聽席已滿為由遭拒，只能在外頭抗議。學生們一度衝
破警方封鎖線，直衝議場大門，與警方爆發嚴重肢體衝突，但是議場
內仍無動於衷，將條文三讀通過。到了下午，學生們轉往教育部抗議，
部長也首次出面與學生溝通，但仍無意改變設置軍訓室條文通過的結
果，學生們在離開教育部後，拿出預先準備的雞蛋，朝教育部開砸，
表達嚴厲抗議。

● 教官退出校園？大法官也說話！

釋字第 380 號解釋中，大法官認為畢業條件應屬大學自治權範疇，也就是不能規定軍訓課強制作為必修。到了釋字第 450 號解釋，大法官更直接認為法律明定大學應設置軍訓室並配置人員，此一強制性規定，違反憲法保障的大學自治。為什麼大家要求教官退出校園，主要有幾個理由：

① 教官往往要處理學校大小事，如學生車禍、吸毒或是校內安全維護，但這些其實都可藉由更專業的導師、輔導老師或保全來解決。
② 教官是領教育部的薪水，往往占教育部經費不少支出，若教官退出校園轉任國防老師或聘請更專業的人士，或許更能將經費投注在教育上。
③ 教官往往將軍中的威權文化帶入校園，壓迫學生、掌控校園。如政大教官撕毀 228 傳單、北大教官以軍人負責保家衛國等文字勒索學生對教官應抱持尊敬態度，種種原因讓轉型正義無法落實，畢竟好教官仍然是少數存在。

● 目標 2023 年達到教官退出校園

面對教官存在已不適宜的今天，立法院在 2013 年修正《高級中等教育法》時做出附帶決議，希望教官 8 年內退出校園，回歸國防體系，並以 2021 年「教官退出校園」為目標。不過，因應修正的《陸海空軍軍官士官服役條例》，軍官最大服役年限延長 2 年，再加上轉型及培訓為國防老師仍需時間，於 2018 年教育部才公布草案，預告 2023 年達到教官退出校園的目標，讓學校回到真正屬於學習的環境。

唯有把威權的象徵適當地修正，學校也才會有慢慢轉型為自治的一天。

立委助理也是在
有與沒有之間

2008

十二月

8

前立委涉嫌
詐領助理費

2008 年 12 月 8 日，
金門地檢署以貪汙等罪，起訴前立法委員吳成典。

● 他是誰？

　　吳成典是新黨籍的金門政治人物，1992 年擔任金門縣國大代表
後開始他的從政之路。2002 年吳成典參選立委當選、2005 年順利連
任，在這段期間他是新黨在立法院中唯一一席立委。2008 年，吳成典
尋求三連霸，卻不幸以 74 票之差敗給前金湖鎮長陳福海。2009 年吳
成典參選金門縣長失利，敗給國民黨提名的李沃士。2012 年及 2016
年，兩度挑戰金門縣立委，但分別敗給前縣議員楊應雄及前縣府觀光
處長楊鎮浯。

● 詐領助理費

檢察官認為，吳成典在擔任立法委員期間，先請他的太太鄧琰擔任助理，後來鄧琰又找了七個人擔任吳成典的的公費助理。但事實上這七個人只是掛名的，實際上立法院發下來的助理費，都進了鄧琰和辦公室主任許勵宏的口袋，前後 A 走將近 600 萬。因此，檢察官認為，吳成典等人涉嫌公務員詐財罪，起訴吳成典、鄧琰、許勵宏三人，並求處有期徒刑 8 ～ 15 年。

檢察官起訴的「利用職務上機會詐取財物罪」規定在《貪汙治罪條例》第 5 條第 1 項第 2 款，概念上跟《刑法》的詐欺罪類似，差別在壞人是公務員，利用自己工作上的機會來騙錢而已。簡單來說，檢察官認為吳成典找了幾個人「假裝」是助理，藉此來跟立法院騙助理費，因此用「利用職務上機會詐取財物罪」起訴他。

● 無罪

此案進到法院後，金門地方法院一審判決吳成典等人無罪。法院認為，立法院並沒有規定助理的工作內容，這部分讓各個委員自己決定就好。另外，所有的證據並沒有顯示那七個公費助理，在最開始聘雇的時候就約定好「不用工作」或只是掛名，而且或多或少也真的有做事，所以沒辦法認定他們只是「掛名的人頭助理」。

法院也因此認為，檢察官的證據都不足以證明吳成典成立利用職務詐財罪，因此判決他們無罪。案件後來上訴到福建高等法院金門分院，二審也駁回上訴，維持無罪判決。2012 年，最高法院駁回檢察官的上訴，全案無罪定讞。

美麗島事件
的前哨戰

1979

9

十二月

高雄的
鼓山事件

1979 年 12 月 9 日，高雄市爆發「鼓山事件」，
這起衝突被視為隔天「美麗島事件」的導火線。

● 高雄的鼓山事件

　　「美麗島雜誌社」為了宣傳「世界人權日」的遊行，決定派出兩
輛宣傳車，在高雄大街小巷宣傳。宣傳車開到鼓山區鼓山二路和綠川
街口，就被鼓山分局的警察攔下，把宣傳車擋在路口，衝突一觸即發。
警察當場沒收宣傳工具，逮捕且毆打義工邱勝雄與姚國建。
　　消息傳開後，包括施明德、紀萬生、周平德、陳菊、林弘宣、蔡有全、
載振耀、蘇治芬、陳敏推、林信吉等人前往鼓山分局，要求警方放人，

許多民眾也紛紛到警局外助陣直到凌晨，警方眼見苗頭不對才釋放邱、姚兩人。

然而，經歷整晚的折磨，邱、姚兩人早已被打得不成人形。受到警方刺激，許多黨外人士紛紛參加隔天的世界人權日大遊行，而這場遊行也演變成「美麗島事件」。

後來，邱勝雄、姚國建兩人被高雄地檢處以妨害公務罪等罪起訴，高雄地方法院一審分別判處兩人有期徒刑 2 年 6 月及 3 年。被告和檢察官都上訴，高等法院臺南分院二審判決駁回上訴，維持原判。

● 刑求問題出在哪裡？

現在的法律明確禁止「刑求」，原因在於過去太常發生屈打成招，因而造成許多冤案。因此在《刑事訴訟法》裡就明確規定：「被告之自白，非出於強暴、脅迫、利誘、詐欺、疲勞訊問、違法羈押或其他不正之方法，且與事實相符者，得為證據。」這也就是說，如果你透過上述的方法所得到的證據，就算是事實，也不可以作為法庭上的證據。

試想，如果警察可以輕易的刑求，誰會想要認真調查證據？如果刑求後的證據都有證據能力，「屈打成招」不就是最快得到證據的方法嗎？有多少冤案就是在這樣暴力的訊問下產生的？

唯有透過法律明確禁止刑求，才有可能有公平的偵查過程，也才有可能避免冤案發生。

被譽為
讓臺灣走進民主
的最關鍵事件

1979

十二月

10

他們在世界人權日
侵害我的人權

1979 年 12 月 10 日，
美麗島雜誌社在高雄舉行世界人權日大遊行，
與國民黨政府爆發衝突，最後被政府以叛亂罪嫌逮捕，
進行軍事審判。

● 用生命在拚自由的年代

　　自從國民黨政府到臺灣後，便開啟了長達 70 年極權統治。縱使實施「地方自治」，也未達到真正的人民普選。在那樣的政治氛圍下，選舉並未充分發揮民意匯集的功能，但卻提供異議人士一個發言機會，無形中讓臺灣民主運動幾乎和選舉同步發展。

　　多次選舉後，一些被標籤為「黨外」的民主人士逐漸凝聚。「黨外」

陣營中有兩本重要雜誌，其中一本就是為人熟知的《美麗島》雜誌。然而雜誌社發行刊物與群眾集會等行為，在執政當局眼裡幾乎成為了眼中釘。

在 1979 年 12 月 10 日《美麗島》雜誌響應世界人權日舉辦的遊行，國民黨政府派遣鎮暴部隊將群眾包圍，並開啟強光照射及釋放催淚瓦斯，形成激烈警民衝突。事件後所有參與者皆遭逮捕，以叛亂罪起訴且由軍事法院審理，雜誌社也遭到政府查封。

審判中甚至有幾位成員一度被判處死刑，後來改判無期徒刑以及有期徒刑（施明德：無期徒刑、黃信介：有期徒刑 14 年、林義雄、呂秀蓮、張俊宏、陳菊、姚嘉文、林弘宣：有期徒刑 12 年）。這場軍法大審引起國際人權組織及各國媒體關切，而當時的政府也在國際輿論以及臺灣人民的壓力下，被迫放棄一黨專政的路線，並解除戒嚴。而社會也逐漸變成我們現在所熟悉的模樣。

● 我們與威權的距離

這起事件直至今日，對國內的政局發展仍有著深刻影響。因美麗島事件而受到政治壓迫的人們，身處臺灣歷史中那段被嚴重剝奪基本權利的年代，為了臺灣的民主價值，無私貢獻出自己的青春與自由，哪怕要為此犧牲生命，這些民主的鬥士們也毫不畏懼，實在令人無比敬佩。

吳乃德教授認為，美麗島事件是臺灣民主轉型的最重要的關鍵，沒有美麗島事件，就沒有現在的自由民主。對於年輕世代而言，能在現今社會中自由發表所感所想，如同呼吸空氣一般理所當然，我們幾乎很難想像會因政治立場或言論而被政府扣上罪名逮捕，進而被剝奪自由及生命。

2019 年在香港發生的「反送中」事件，也不斷地提醒我們，我們與威權的距離，究竟多遠？

我們回顧過去，也該珍惜現在。未來，你想要一個怎樣的臺灣？

面對高壓的政府
可以使用
暴力抗爭嗎？

1983

十二月

12

兩報社爆炸案

1983 年 12 月 12 日，
調查局宣布破獲當年四月發生的
《聯合報》及《中央日報》爆炸案。

● 炸彈

　　1983 年 4 月 26 日，在臺北忠孝東路四段的《聯合報》大樓電機房發生爆炸，約莫半小時後，位於忠孝西路一段的《中央日報》總社 1 樓也發生爆炸，共 12 人被炸傷。當年年底，法務部宣布破案，聲稱放置炸彈者是支持臺灣獨立的人士黃世宗，由臺灣獨立建國聯盟主席張燦鍙策劃，指揮者是該聯盟美國本部副主席陳南天，而執行指揮與接應者，是人在巴西的李朝望。隔年 2 月 18 日，警總公布調查結果，

宣稱爆炸案確為黃世宗所為，認可了調查局先前的調查結果。兩場爆炸案就是中華民國的「三合一敵人」，也就是有意顛覆政府的「臺獨分子」所為，而爆炸案執行者黃世宗則在執後就逃出臺灣。

● 到底誰是兇手？

這場爆炸事件真的是由臺灣獨立聯盟所策畫嗎？根據爆炸案的兩位主角黃世宗、李朝旺，及臺灣獨立聯盟的說法，他們是理念相近的盟友。黃、李二人都是在南美臺灣移民社會中具有臺灣意識的江湖中人，因成長背景受到黨國政權壓迫，因此產生「以暴制暴」的想法。時間拉回 1980 年代初期，在美麗島事件後國民黨政府大量逮捕黨外人士，在海外的臺獨聯盟立即發起抗議與救援行動。從臺獨聯盟的大事紀可看到，當時在美臺獨人士，對美國各地國民黨辦事處、華航公司強力抗爭；同一時期，包括駐巴拉圭大使王昇的兒子、王步天的住宅、高雄市長王玉雲的長子王志雄在洛杉磯的住宅、中華民國駐巴拉圭大使館，也先後發生爆炸案。

● 如果政府更暴力，到底能不能用暴力來反抗呢？

處在民主昇平的當代回顧這段歷史，可以深刻感受到當時社會迷漫著劍拔弩張的氣氛，當人民面對當權者實踐高壓統治、棄法治無物的威權情況時，用暴力手段去打造一個讓後世可以自由自在、安居樂業的所在，到底是不是能被容許的暴力？而暴力的手段又可以提升到什麼程度？這都是活在可以自由當代的我們需要努力思考的，也只有這樣思考，我們才有辦法同理，在那樣的時代有人會想要透過暴力的手段進行抗爭的心態。

你們不是答應我們
要反共嗎？

2008

十二月

14

抗議政府侵害人權，
劉柏煙不惜自焚抗議

2008 年 12 月 14 日前的今天，國民黨黨工劉柏煙，
因為在野草莓學運期間自焚，送醫搶救 30 幾天後傷重不治。

● 帶刺的「野草莓」

　　2008 年，海協會會長陳雲林來臺與海基會會長江丙坤進行第二次江陳會，期間政府卻用各種手段壓制人民抗議，甚至不當侵害言論自由，也發生許多警方不當執法的事件。11 月 6 日，不少學生與學者不滿警察不當執法，便集結在行政院大門前靜坐，著黑衣、戴口罩方式為象徵表達訴求。但由於在行政院前的靜坐未經許可，期間被警方四度舉牌勒令解散。參與學生決議不申請集會許可，並主張「集遊法違憲」。後來行政院前的靜坐群眾遭警方驅離，於是他們移動到自由

廣場前繼續靜坐。

11月11日，國民黨資深黨工劉柏煙從南投到自由廣場外發傳單，不滿警察逮捕當時舉國旗抗議的群眾，甚至發生警察打人事件，更不滿政府對反共立場的變化，因此揚言要自焚。雖然在場師生一度阻止他，但當天下午1點多，他被發現在自由廣場外中山南路自焚。緊急送往臺大醫院搶救，34天後劉柏煙仍傷重不治，享年79歲。

● 《集會遊行法》的合憲性

野草莓運動後續最廣為人知的影響就是讓《集會遊行法》再次被送到大法官面前挑戰它的合憲性。我們先把時間拉回1998年，依照當時集遊法規定，如果送來的集會遊行申請「主張共產主義、分裂國土；或對國家安全、生命身體財產有危害」，主管機關可以否決，該規定被當年大法官作出的釋字第445號宣告違憲。

10年後，臺大社會系助理教授李明璁被認為是野草莓運動的「首謀」，檢方以違反集遊法起訴他，但承審的法官認為相關規定違憲，因此裁定停止審判並聲請大法官解釋。2014年，大法官作成釋字第718號解釋，認為集遊法的事先申請制度沒有排除「偶發性、緊急性」的遊行是違憲（可以參考本書11月6日的內容）。

然而這部集會遊行法之所以問題那麼多，原因在於當初這部法律其實是《動員戡亂時期集會遊行法》，且第一條明定：「動員戡亂時期為保障人民集會、遊行之自由，維持社會秩序，特制定本法。」也就說這部法律當初並非保障人民憲法上集會遊行的權利，而是要來打壓人民的。

雖歷經兩次修正並改名為《集會遊行法》，但內容並沒有太大的變化。也希望這部有問題的法律，之後可以在立法院會期重新制定，真正地保障人民集會遊行的權利。

日治時期
最大的反抗事件

1923

十二月

16

為請願設置
臺灣議會，
被總督府禁止結社

1923 年 12 月 16 日，
臺灣總督府為打擊臺灣議會請願運動，展開全臺大逮捕。
當時被搜查、傳訊、逮捕的共有 99 人。

● 臺灣議會請願運動

　　一戰之後臺灣開始有民族自決的風潮，獨立運動也風起雲湧。考量到與臺灣總督府正面衝突的風險太大，當時臺灣島內知識分子，如蔡培火、林獻堂等不打算採取「完全自治」的路線，而是打算從設置人民選舉的臺灣議會開始行動。

　　1921 年起，臺灣島內開始長達十幾年的議會設置請願運動。直到第三次請願運動籌備之際，蔡培火與蔣渭水等人決定籌組「臺灣議會期成同盟會」來運作請願運動。當他們向臺北市警察署報備之後，

卻被總督府命令禁止結社。不願放棄的蔡培火等人隨後前往東京，召開臺灣議會期成同盟會的籌備會，並向管轄的警察署提出申請，且未被禁止結社。

● 大逮捕及審判

幾個月後，總督府認為他們在東京重新結社是違反之前的禁止命令，依照《治安警察法》展開全臺大逮捕，這個違反治安警察法的案件因此被稱做「治警事件」。

在日本被認為合法的結社，卻被臺灣總督府認為違法，這其中有著濃厚的政治味。在之後的審判中，論告檢察官數度提到這個結社違憲、企圖獨立等 —— 若蔡培火等人真的有這種意圖，在當時應該是更嚴重的行為，但檢察官卻仍以處罰不過數個月的《治警法》來處理，也可看到總督府想將小事做大的心態。文獻中有人將治警事件稱為日治時期的第一宗政治性裁判，因在此之前數起抗日案件，審判過程都非常粗糙，不符合現代的法治觀念。而治警案件的審判，基本上都有按照正當程序，比如被告方都有雇用代理人為其辯護、法律爭點也非軍法，而是聚焦被告行為是否違反《治安警察法》等。

在這場大審判中，被告的律師有臺灣人也有知名的日本律師，其中日本律師如渡邊暢、清瀨一郎等都是日本有名的法律人，清瀨還是眾議院的議員。當時日本正興起「大正民主」思潮，所以重視民主、基於自由主義的論述也因日本知名律師而出現在這場審判中。

審判的第一審結果，法官以日本與臺灣兩地法律適用情形不同，較難加以處罰這類「依法審判」的理由判決無罪。法官的理由也提到用這種小處罰的規定施加在被告身上，只是讓被告英雄化，反而是遺憾。可惜的是，在二審卻逆轉有罪，第三審的上告也被駁回，最後蔣渭水、蔡培火等 13 人被判有罪。

治警事件的被告們採取的行動，象徵著當時臺灣的民族運動，擺脫過往的武裝抗日，開始以思想與言論作為抵抗。

一個在臺灣的日本女子，就這樣突然消失

1990

十二月

17

重大刑案，
井口真理子來臺被殺

1990 年 12 月 17 日，高雄縣警察局為了尋找
失蹤 8 個月的日本女大學生井口真理子，
刑事警察局印發尋人海報轉發所屬各分局張貼。

● 失蹤的井口真理子

　　1990 年 4 月 28 日，一名 23 歲的日本女大生井口真理子獨自來臺旅遊。她從臺北一路玩到高雄，但她走出高雄火車站後行蹤就此成謎。失蹤期間高雄市曾接獲線報，稱井口已被殺害，屍體被埋在臺南縣的公墓，墓碑上還刻有「林家惠」的名字。警方搜遍千座墳，卻未找到符合描述的墓。半年過去，案件偵辦進度仍無所獲，直到隔年 2 月，據目擊者證詞，有一名司機劉學強曾帶日本女子回家，警方發現劉姓司機確實曾丟過一張床墊和一包重物。

● 自白與無期徒刑

　　警方懷疑劉學強是強制性交未遂且殺害井口，劉學強卻否認侵犯，只稱自己殺了她。表示他在高雄火車站附近遇到井口，用簡單日文上前攀談，帶井口到各高雄景點並邀請井口到家中住宿。當天凌晨他突然從夢中驚醒，衝動地拿著十字弓朝井口太陽穴射 4 箭，並用柴刀分屍，再將身體和頭顱分別棄置。然而他對棄屍地點及兇器位置不斷翻供。翻供好幾次後，劉學強才承認他將井口的身體載到崇明十三街一處樹下焚燒，頭顱則丟棄在臺南路的大型黑色垃圾袋。要從垃圾掩埋場挖出頭顱，因工程過於浩大而無法開挖。最後雖在愛河淤泥裡挖出十字弓，也找到井口背包內的相關證物，卻始終未找到井口的頭顱。

　　高雄地方法院依殺人及遺棄屍體罪判處劉學強死刑，但劉學強因精神異常的減刑條件，最後由死刑減為無期徒刑且褫奪公權終身。劉學強被關近 28 年，也是唯一殺人被判無期徒刑、已達門檻卻無法提報假釋的收容人。原因是其親友不願擔保他出獄後的住處，因此沒有固定居所可以交付保護管束。

● 假釋是什麼？

　　假釋指的是應服刑期期滿前，執行超過法定刑的一定時間且悔改向上，由監獄報請法務部許可後暫時釋放出獄。出獄後若不再犯罪，或沒有違反保護管束期間應遵守事項，剩下的刑期就當作已執行完畢。但如被撤銷假釋，原來未執行的刑期會被重新送監執行。假釋者只是暫時出獄，需有固定住所找得到人，並定期向觀護人或到指定處所報到。因此「出獄後是否有固定居所」為假釋審核的其中一項重要條件。不過，劉學強親友更曾表示，這種人誰放出來誰負責，所以劉學強成為臺灣目前關最久的無期徒刑殺人犯。

你能想像，
那個一直被作票
的時代嗎？

1975

十二月

20

郭雨新
參選立委落選

1975 年 12 月 20 日，
第一屆立法委員進行第二次增額選舉，
黨外人士郭雨新以 67 歲高齡參選。

● 郭雨新，與他受到阻撓的選舉之路

　　郭雨新於 1908 年生於宜蘭，畢業於臺北帝國大學（今臺灣大學）農業經濟系。曾代表中國青年黨獲遴選為臺灣省參議會的參議員，並以最高票當選臺灣省第一屆臨時省議會議員，之後他更連任四屆省議員（達 25 年之久）。

　　郭雨新在擔任議員期間積極問政、批判時政、照顧宜蘭農民，關切與自己背景相關的農民議題外，以本省人、非國民黨的身分，批國民黨的一黨專政。之後郭雨新等人與雷震籌組新政黨，期許對抗國民

黨選舉舞弊。不過籌組新政黨在當時屬叛國罪，雷震等人遭警政總部逮補，組織「中國民主黨」失敗。許多本土政治菁英因受的政府阻撓而淡出政壇。而郭雨新也開始被情治單位監控，並開始牽制郭雨新的政治之路。

1972 年，郭雨新原計畫競選連任省議員，但國民黨除指派兩名參選人競爭，並派出五萬軍人返回宜蘭選舉，郭雨新在壓力下而放棄競選。1973 年，郭參選監察委員的增額選舉，當時是透過省議員投票選任，僅需五票即可當選。原先黨外人士極力動員支持，原並認為郭雨新應會得到最高票數，結果國民黨以各方式施壓，恐嚇省議員，並要求集體亮票的方式，導致郭雨新索性一票都不取，以零票落選。1975 年 12 月 20 日，第二次增額中央民意代表選舉，當時郭雨新以 67 歲的高齡參選第一選區立委，選區分布臺北縣、基隆市與宜蘭縣。當時郭雨新的政見包括解除戒嚴、國會全面改選及修憲等敏感議題。在黨外人士以及許多大學青年協力輔選，使郭雨新獲得極高選舉聲勢。未料開票之後，郭雨新廢票竟逾 8 萬多張，創下選舉史上廢票的最高記錄。

● 黨外之父

郭雨新因選舉失利，又受到政府監視無法自由出國。最後以拜訪親人為由前往美國。之後，郭雨新極力推動黨外運動，籌組新政黨，在美國發行刊物報導臺灣黨外資訊。1978 年郭雨新宣布參選中華民國第六屆總統，與蔣經國競爭，最終只獲十多票國大代表連署，未達一百票門檻，因而無法獲選候選人身分。郭雨新也被國民黨列為海外黑名單無法歸國，最後在 1985 年病逝於美國。

郭雨新民主改革的理念，啟發包括林義雄、陳菊等許多當時新生代的政治人物，郭雨新也被稱之為「黨外之父」。這個基礎，現在也終於慢慢開花。

女性當總統，
性別就平等了嗎？

2001

十二月

21

立院三讀通過
性別工作平等法

2001 年 12 月 21 日，
立法院三讀通過《兩性平等工作法》（後改稱《性別工作平等法》），
場外婦女團體拉起紅布條表示感謝。

● 姊姊妹妹站起來

　　臺灣性別平權運動自解嚴後便蓬勃發展，隨著女性意識逐漸抬頭，
社會輿論也逐漸關注職場上男性主管利用職務權勢騷擾女性僱員，或
對女性相對不合理的規定，如：兩性錄取標準不同、同工不同酬或女
性員工滿三十歲後，若結婚、懷孕就須自動或被迫離職等。

　　自 1990 年起，在婦女新知基金會及不少婦女團體歷經共 11 年倡
議下，2001 年 12 月 21 日立法院三讀通過《兩性工作平等法》，由法

律明文保障職業婦女於職場上的權益，如：性騷擾之防治或禁止雇主因性別歧視而給予差別待遇等。此外為呼應當時社會對政府應保障婦女權益之期待，行政院在 1997 年也成立「行政院婦女權益促進委員會」。之後，配合世界對於性別平等議題之潮流，該會也被改制為「行政院性別平等會」(也就是我們常聽到的性平會)，統合並處理各項跨部會性別平等政策。

● **性別平等是什麼？《性別工作平等法》保障了哪些權益呢？**

　　性別平等是《世界人權宣言》的目標之一，主要宗旨是為使人民在法規範或整體社會環境中，不因性別而受差別待遇，如民主活動和確保同工同酬等。由此宗旨而生的《性別工作平等法》則細部針對職場上雇主與受雇者間性的騷擾防治進行規範。《性別工作平等法》立法後也經歷多次修正，在近期的修正中放寬原先對有哺（集）乳需求的職業婦女的時間及限制，也要求雇主除了應提供托兒服務，還有防治性騷擾行為發生之義務。象徵著我國性別平等意識逐漸普及。

● **男性也可能是父權體制的受害者**

　　父權體制下的每個人都是受害者。縱使是男人也被這體制帶來的社會刻板印象壓得喘不過氣。因此，關懷並敞開心胸，看見個體在生活處境上的差異，帶有更多體貼，才能消弭更多的不平等。別忘了，正是因為自己同時是壓迫者與被壓迫者才更需要關心這樣的議題。如今，女性都可以當總統，卻還是有人不斷對女性貼標籤羞辱。
　　各位男性要知道：「解放女性，也才能真正地解放男性。」

當電視新聞，成為國家和政黨的傳聲筒

2005

22

十二月

廣電三法的
「黨政軍條款」始末

2005年12月22日，
媒體報導在黨政軍退出媒體的風潮下，
身兼民進黨黨職及民視股東的蔡同榮表示，
將盡快拋售民視股票。

● 專門替政府發言的媒體

　　台視當初的成立，是由「省政府」管轄，而且省府的持股一直維持在49%左右。後來在時任總統蔣中正指示下才成立「中視」，黨營公司持股過半。之後，又因政戰局副主任的提議成立「華視」，多數持股公司均和「國防部」脫不了關係。這三家電視台，是解嚴前為數不多的無線電視台，被稱為「老三台」。除了「台語」節目受到限制

之外，「老三台」由於長期壟斷電視台市場，又因節目免稅，讓持股者能領取暴利。

　　當時，電視台因為分別受「省政府」、「國民黨」和「國防部」的牽制，時不時就會發生替特定候選人宣傳而抹黑其他黨派的情形。華視主播李艷秋獲得「新聞節目主持人金鐘獎」時就曾表示，自己得到的是「最佳魁儡獎」，她認為電視主播應該要有自選採訪題材的權利。而此話一出，便引起輿論對「黨政軍三台」的關注。因此為了爭取新聞自主，民間團體發起「黨政軍退出三台運動聯盟」。

● 黨政軍條款

　　黨政軍退出三台運動聯盟有四大主張：
　① 主張三台的回歸，民眾排除政治力的「股權大眾化」。
　② 為了維持新聞專業，成立一個「超然、獨立的委員會」。
　③ 為了落實排除黨政軍的理念，主張全面「翻修廣電法」。
　④ 最後，為了保障媒體工作者的「內部新聞自由」，主張編輯要有「採訪題材的自主權」。

　　後來，立法院修正「廣電三法」，新增「黨政軍條款」，政府、政黨、政府政黨捐助成立的財團法人和受託人都不可以「直接」或者「間接」投資廣播電視事業或有線系統。同時，黨務、政務和選任公職人員的

投資也被禁止，這些人員的配偶和一定範圍內的親屬，對同一事業的持股比例也有 1% 的限制。

修正後的「廣電三法」要求廣播電視事業要在 2 年內改正黨政軍入股的情形。這讓曾有政治力干預媒體疑慮、涉入民視調職爭議的蔡同榮，也不得不在 2005 年向外界宣布拋售民視股票，表達與媒體劃清界線的決心。

● 來不及脫離政治力，就遇到鬆綁爭議

2009 年，國家通訊傳播委員會（NCC）公布修法草案，打算放寬政府、政黨、相關財團法人和受託人的投資限制，也因此再度引爆黨政軍爭議。NCC 表示，如此嚴格的「黨政軍條款」已經不合時宜，會阻礙了「通訊匯流」的趨勢，且也會讓臺灣在通訊串流上落後。

所謂「通訊匯流」指的是電信、媒體和資訊科技的整合，由於電信業者面臨市場飽和，併購有線電視等發展產業成為趨勢，同時也與國際 OTT（Over-the-top）[1] 業者競爭。

然而，我國有官股成分的「投資人保護中心」會購買所有上市、上櫃公司的 1 張股票，在必要時以股東身分提起訴訟保障投資人。這使得所有上市、上櫃公司投資廣播電視事業都成為「黨政軍入股」，這也與當初立法目的背離。甚至依照規定，若違反「黨政軍條款」，受罰的並非「黨政軍」身分的投資人，而是被入股的「廣播電視事業」。

不過，並不是所有的人都支持「黨政軍條款」的鬆綁，有學者就提醒，國內媒體併購必須考量中國因素，「臺灣媒體觀察教育基金會」也強調「黨政軍條款」不能放棄。

● 新聞的影響力

　　從「黨政軍退出三台運動」一直到現在，新聞媒體並沒有因為修法而脫離政治力的影響。相反地，修正通過「黨政軍條款」之後，大財團便進入了媒體，而各方政治勢力仍無所不用其極地，想要試圖掌握資訊的傳聲筒。面對這樣的媒體生態，我們在接收資訊的同時，必須謹慎小心，且培養獨立思考的能力，才可能免於成為一枚無知的棋子。

　　畢竟新聞的影響力之大，不管在何時，一直都會是政治角力想要控制的工具，甚至更是有國家想要侵略之處，永遠我們都必須要戒慎恐懼。

1　OTT 服務（Over-The-Top Media Service）簡言之就是透過網際網路作資訊傳送，直接向使用者提供的串流服務。例如我們如今最常使用的 Youtube、Spotify、Netfix 等便是最常見的 OTT 服務。

憲法未來，
可以做判決了！

1993

23

十二月

從憲政新頁到未來
每一頁的憲法法庭

1993 年 12 月 23 日，憲法法庭首次開庭。

● **政府舉債，意外舉起憲政里程碑**

　　1993 年，24 位立法委員提案釋憲，原因是行政院為興建國道 3 號和購買戰機，向銀行借款了數百億，但依照《中央政府建設公債發行條例》規定，「公債」發行總餘額有一定限制，避免政府無限制舉債。然而行政院認為向銀行「借款」和發行「公債」不一樣，不應受到公債條例限制；立委則擔憂若不受公債條例限制，很可能導致財政危機債留子孫。面對兩院間職權和法律適用上的歧見，大法官首次開啟憲法法庭，讓兩院提出意見並進行辯論，也展開憲政史上的新頁。

● 什麼是「憲法法庭」?

依《憲法增修條文》規定,憲法法庭是由司法院大法官組成,審理「總統、副總統彈劾案」及「政黨違憲解散案」的法庭。雖然也是大法官的工作內容,不同之處在於,我們常聽到大法官作出的「解釋」,是以「司法院大法官會議」的方式作成,通常沒有像法庭有辯論過程。但依照《司法院大法官審理案件法》規定,大法官如認為某些「解釋案」,有讓相關當事人「辯論」的必要,也可召開「憲法法庭」。本次因公債作成的釋字第 334 號解釋,開啟「憲法法庭」先河。此外,大法官也曾就許多重大爭議開啟過「憲法法庭」,如檢察官和羈押權(釋字第 392 號解釋)、319 槍擊案真調會(釋字第 585 號解釋)、同性婚姻(釋字第 748 號解釋)及針對年金改革的 3 件解釋(釋字第 781、782、783 號解釋)等。

● 搖身一變,成為主角的憲法法庭

2018 年立法院通過《憲法訴訟法》,一改過去「會議」違憲審查方式,「憲法法庭」將成為常態。此外「閱卷制度」和「立場公開」讓審理過程更公開透明,不同專業或立場的民眾及團體也能透過「法庭之友」制度表達意見,確保判決周全。值得注意的是,人民除能針對「法令」聲請釋憲,新法增加了「終局裁判」這個選項。白話來說,過去大法官只能針對「法律」解釋,宣告「法律本身」是否違憲,但未來大法官能做「判決」的,不僅宣告「法律」違憲,也可宣告「判決」違憲。

雖然這有強化人民權利保障的目的,卻也可能造成大法官的負擔。修正後的《憲法訴訟法》將在 2022 年施行,期待憲法法庭能帶領臺灣,朝向人權保障更周全的法治國家邁進。

假釋，
跟你想像中的
一樣簡單嗎？

2004

24

十二月

我們的憤怒
該如何處理

2004 年 12 月 24 日 ，
媒體報導立法院打算將無期徒刑的假釋門檻，
從 20 年調高到 25 年。

● 假釋門檻？

　　假如你被關，成了受刑人，假釋便是指受刑人在服刑期滿前，只要符合一些條件，法務部就會審查你的狀況，決定要是否要讓受你提前出獄。這些條件中包含你在監獄服刑了多久、是否有在監獄裡好好表現等。若有達到標準，監獄會將你的假釋報請法務部審查。該制度在 1994 年前都沒什麼更改，在那之後就有許多修正。如 1994 年把假釋門檻降低，但在 1997 年時又修改，將假釋門檻提高。

● 假釋現狀

假釋制度修改涉及許多因素，有時甚至並非基於矯正效能提升等理由。如 1997 年的修改就是因為當時的白曉燕案，社會一片聲浪支持嚴懲犯罪者，所以縱然當時前法務部長馬英九、立委盧修一以及許多學者反對將門檻再度提高，認為假釋制度並未造成社會更動盪，但在高層決意採亂世用重典的方向下，該次修法仍通過。

現在，假釋制度又更加嚴格。比如無期徒刑逾 25 年，有期徒刑逾 1/2、累犯逾 2/3 能跨過假釋門檻。縱使假釋制度愈趨嚴格，社會大眾仍對假釋制度不滿。因為仍在媒體上看到有人在假釋後繼續犯罪，也因此有立法委員甚至提案要將某些犯罪情節嚴重的受刑人排除在假釋制度外。

● 假釋該怎麼改？

先不論假釋後再犯罪的個案是否被媒體過度渲染，每個刑事司法體系的問題都環環相扣，例如，愈來愈重的刑罰制度或許讓某些人安心，但同時也讓更多人進到監獄。況且，我國的獄政制度仍有許多缺口，是否真能承接這些犯罪者？若這些犯罪者在歷經十年的監禁生涯之後，對社會與自己仍充滿憤慨不滿，那施加在他們身上的憤怒，很有可能回到我們身上，那將是大家都不願意看到的後果。

看到這邊的你，未來在新聞上看到有人被判有期徒刑或無期徒刑，千萬不要生氣地罵：「他一下就可以假釋出來！」因為假釋其實沒有想像中的快，像是無期徒刑要 25 年才可「聲請」假釋，就算可以聲請也不代表一定可通過假釋。

你還記得，
臺北縣嗎？

2010

十二月

25

臺北縣不見，
變成新北市

2010 年 12 月 25 日 年前的今天，
臺北縣從此不見，升格成為「新北市」。

● 無聊的地方區域劃分？

　　小時候學臺灣歷史一定有學到各個不同治理時期的區域劃分。如
北天興南萬年，到清領初期的一府三縣、清末的三府十一線四廳一直
隸州等等。戰後，國民政府延續日治時期的劃分，把原本日治末期的
「州」改成「縣」，像是「臺北州」劃出「臺北市」和「基隆市」之後，
剩下的部分就成了「臺北縣」。1950 年代縣市區域調整成 16 縣 5 省
轄市，到了 2009 年在臺灣省政府虛化及陸續縣市升格，才變成大家
現在熟悉的六都、十一縣、三省轄市。

● 六都究竟是怎麼來的呢？

我們琅琅上口的六都究竟怎麼來？按地方制度法第4條第1項：「人口聚居達 125 萬人以上，且在政治、經濟、文化及都會區域發展上，有特殊需要之地區得設直轄市。」也就是要從縣市變直轄市最基本條件就是人口要達基本額 125 萬。此外，地方區域劃分更牽涉到政治安排、人口統計及記錄。以政治安排來說，按憲法及公職人員選罷法規定，每一縣市至少要選出 1 位立法委員，若人口比較多則要選出兩位以上，就應要在行政區域內劃分「同額之選舉區」。我們可以看到在人口相對少的區域，行政區域等同一個選舉區域，也影響當地的政治版圖。

最後在人口標記上 —— 現在掏出你皮夾裡的身分證，不難發現臺灣身分證字號開頭號碼對照的是不同縣市。如被戲稱為天龍國的臺北市的開頭就是 A，好山好水的宜蘭是 G，海鮮好吃的澎湖開頭是 X。在國民政府到臺灣至今消失的字母有 L、R、S、Y，分別是因縣市合併後的臺中縣、台南縣、高雄縣，及蔣中正做為天字第一號的「陽明山管理局」為首的 Y。

● 重北輕南，究竟該怎麼辦？

攤開臺灣地方制度的劃分歷史其實可以發現斧鑿斑斑，在國民政府來臺後重北輕南所導致全國各項交通建設、人口建設失衡，至今都還深深地影響臺灣。也許在回顧這段臺北縣升格為新北市的光榮時刻，我們更應深入去思考現在的地方區域劃分是否合理？怎樣的地方制度規劃才能讓臺灣走向更好的未來？

一部可以
屠殺整個村的法律

1898

十二月

26

高雄六班長
清庄事件，
日治屠村百人塚

1898 年 12 月 26 日，
發生「六班長清莊事件」，
在現在高雄市橋頭區三德里一帶，
超過一百名 15 歲以上男丁，被日本政府屠殺。

● 六班長

　　高雄市橋頭區三德里舊稱「六班長」。1898 年 12 月 26 日，日軍稱「村莊有三位匪徒到處危害村民」，要求保正抓到犯人。幾天後，日軍見沒有匪徒音訊，就假借戶口調查名義，將村莊內年滿 16 歲的男丁全部集合起來，隨意訊問以後，將此一百位男丁收押綑綁，並集體殺害後焚燒。

● 《匪徒刑罰令》

當時日本可以如此大肆虐殺所謂「匪徒」，其法律依據就是 1898 年日本施行的《匪徒刑罰令》，藉嚴刑峻法鎮壓臺人武裝抗日。該法第 1 條是的規定是：「不問任何目的，凡以暴行或脅迫為達成其目的而聚眾者」，均視為「匪徒」。匪徒的首謀和指揮者，均處死刑，就算是未遂犯仍以死刑處理，附和隨從者為無期徒刑或死刑。又如果涉及「對抗官吏、軍隊，破壞建築物、船車、橋樑、通信設施，掠奪財物、強姦婦女」等情節則是唯一死刑。這也是為何 1915 年發生的噍吧哖事件，被逮捕的 1,957 人中就有 866 人被處死刑。

因此，此法令被認為是臺灣法律史上最容易判處死刑的規定，制定前法院並不常判處死刑，後來因匪徒罪，被告約有六、七成被判處死刑。甚至於第 7 條設有溯及既往規定，就算是在本法公布前的匪徒行為仍會被依本罪處罰。因此「匪徒刑罰令」可以說是日治時期侵害人權及法治最嚴重的法令。

● 跟現代法治衝突的規定

現在《刑法》第 1 條規定：「行為之處罰，以行為時之法律有明文規定者為限。」白話來說，除非刑法有規定你不准做這件事，否則就不處罰。而上述故事所提到的規定就是把在立法之前的行為也納進來處罰，完全違背現代法治概念。

刑法是所有法律中對人民權利影響最大的，所以在使用上要非常小心，不可針對刑法沒有規定的行為處罰。例如，五年前做的事情無罪，現在變有罪，人民會不知道要如何遵守法律，這也會導致人民對法律不信任，進而破壞法律的威信。

那些年，
我們一起被禁
的雜誌

1975

十二月

27

《臺灣政論》雜誌
遭停刊

1975 年 12 月 27 日，
曇花一現但影響深遠的《臺灣政論》雜誌遭到停刊。

● 曇花一現的絢爛花火

1975 年，黨外運動人士康寧祥、黃信介等人創辦《臺灣政論》雜誌。該雜誌是國民政府遷臺後第一本由臺灣本土精英創辦與主導的政論性雜誌，也被許多人視為臺灣黨外運動的起點。雜誌編輯成員大多是臺籍人士，他們抨擊各種不公平的政治機會發展，並呼籲國民黨當局改造國會舉辦公平選舉。

此外，《臺灣政論》更宣稱要繼承《自由中國》、《大學》等雜誌批評當道、爭取自由與民主的傳統，批判閉鎖環境中所造成的諸種不

合理事項。雜誌每期封面都有一把象徵自由的火炬和一支代表廣播的麥克風，即表示搭起「民間輿論發言台」，對外傳播「爭取自由與民主」言論。因此創刊號出版不到三天，印刷兩版全數售罄，加印至第五版一共五萬本。在當年底發行的「選舉特大號」中，更刊出〈早日解除戒嚴〉等挑戰政府底線的文章。

● **可怕的《出版法》**

《出版法》是一部已在 1999 年被廢除的法律，當初這部法律是政府要來管控思想的，如其中第 32 條規定，出版品不可記載「觸犯或煽動他人，觸犯內亂罪、外患罪」。而在那年代，我們都知道內亂罪規範在刑法 100 條中，當時該條文規定若「意圖」破壞國體就會成罪。因此在當時只要寫下任何對政府不利、提倡民主的論述，就會容易被出版法認定是煽動。一旦被認定煽動，《出版法》就可以扣住你的出版品及停止發行。而這本雜誌影響力如此之大，自然引起當時蔣經國政府注意，進而在同年年底以涉嫌觸犯內亂罪及煽動他人觸犯內亂罪情節嚴重為由，依《出版法》予以《臺灣政論》停刊一年的行政處分並處分相關人士。擔任副總編輯的黃華更被叛亂罪判刑 12 年，移送綠島。

● **光芒的延續**

黨外人士蘇慶黎在曾受訪指出，《臺灣政論》雖只有幾期，但對臺灣歷史來說是一個很大的分水嶺。這本刊物讓臺灣的民主政治進入較有計畫、有策略且比較有理論系統的反對運動。在此之後不管是否有選舉，這個反對運動都可以透過辦雜誌延續。《臺灣政論》僅維持不到一年，宛若流星一般劃過臺灣歷史後消失無蹤。但這一瞬的光芒卻已銘記在許多人腦海中，並在之後的日子裡凝聚為強大勢力，奠定日後的民主基石。

1952

28

十二月

剷除最後共產黨基地
鹿窟村民陪葬

228事件後
最大的
白色恐怖事件

1952 年 12 月 28 日，剛結束第二屆省議員選舉，
當晚一萬八千名軍警情特人員
包圍當時臺北縣石碇鄉的鹿窟山區。

● 事情就這樣發生了

　　中國共產黨曾命黨員在臺灣設立「臺灣省工作委員會」。二二八
事件爆發後，黨員陳本江及陳通和為逃避國民黨追捕，逃亡至鹿窟地
區。當地村民也因同情這些避難者而收容他們。之後他們以鹿窟為基
地成立「臺灣人民武裝保衛隊」，以脅迫、利誘或矇騙方式收編村民加
入並進行教育和訓練，想脫離組織或自首的幹部或隊員則會遭到殺害。

多數村民大多教育程度不高，不識字也不了解共產主義，武器不足也沒有合格的軍事訓練，和一般人認為的「武裝組織基地」有落差。後來基地被某共產黨員供出，軍警便在 1952 年 12 月 28 日包圍鹿窟山區，且在 29 日發動攻擊。最後，整個村莊有四百多人被捕，大多送至鹿窟菜廟審判，關在狹小的柴房並遭刑求、逼供後定罪。年紀最輕僅十二歲，有 35 人遭槍決，超過 90 人被判有期徒刑，19 人（主要是未成年）進行感訓，淪為私人奴僕。其中不少人及家屬因此事受精神折磨而自殺，反倒是事件領導人陳本江等人被捕後，卻能因「自新」不久後釋放。

● 事件後續及轉型正義

1999 年「不當審判補償基金會」開始運作，認定因受不當審判而補償的被判刑者或家屬，合計 3 億 8,550 萬元；不付審判者，經法院判處冤獄賠償，合計 885 萬 5,000 元。但許多受難者卻因未有官方文獻記載無法受到補償。2017 年監察委員高鳳仙、楊美鈴經一年半調查，對國防部提出糾正，並公布鹿窟事件調查報告，其中發現國防部當初對村民各種刑求，如拔指甲等，導致許多人終身殘廢甚至有人在釋放後自殺。這份報告是希望政府積極且正確地面對過去，雖有許多鹿窟村民是了解共產黨的運作及反政府目的，但也無法否認有許多受難者完全不了解他們正受到共產黨政治目的操作。

政府在 2018 年成立二級獨立機關（獨立機關雖是編制在行政院下，但不受行政院指揮監督）「促進轉型正義委員會」，就是希望對這些走過家破人亡傷痛的受難者可以進行歷史還原及修復，讓事情慢慢和解共生。不論是肉體或心靈的傷疤，絕不是那麼簡單地說「過去都過去了」。正視這些傷口不是要「清算」、「翻舊帳」，而是在調查、了解、賠償後，才能真正去追求最實際的和解。

被大法官
宣告三次不對
的法律

1996

十二月

30

侵害人權
檢肅流氓條例廢止

1996 年 12 月 30 日，
立法院三讀修正通過《檢肅流氓條例》部份條文修正案。

● 戒嚴時期的產物

　　檢肅流氓條例源自 1955 年發布的《臺灣省戒嚴時期取締流氓辦法》，後來於 1992 年修正發布新名稱為《檢肅流氓條例》，沿用 54 年後正式被廢止。本來是為了防止流氓破壞社會秩序、危害人民權益的法律，但由於該條例是戒嚴時代之下的產物，部分條文嚴重侵害人權而三度被大法官宣告違憲。

● 三次都違憲？

如果警察要拘提一個人到案，在《刑事訴訟法》上會有一定程序規定，但在《檢肅流氓條例》中，只要過去被認定是流氓的人，警察不用經法官核發的拘票就可拘提流氓，因此部分條文在釋字 384 號解釋被大法官宣布違憲。除此之外，現在如果警察要羈押人民，須由檢察官聲請，後由法官來裁定，且《刑事訴訟法》針對羈押有很嚴格的規定，例如必須有串供、滅證、逃亡之虞才可以羈押。但是在《檢肅流氓條例》中，卻規定法官可對流氓來「留置」，表面上好像和羈押不一樣，但實際上都是限制人民的人身自由。因此大法官認為，「留置」在法律上規定過於模糊，也在釋字 523 號解釋中被宣告違憲。最後，在釋字 636 號解釋時，大法官認為《檢肅流氓條例》裡頭規定的流氓定義，例如品行惡劣、遊蕩無賴等，根本過於模糊，不符合法律明確性原則，因此又宣告一部分的規定違憲（可以參考本書 7 月 10 日的內容）。

● 還是乾脆統統廢除？

其實我們早就有刑法、槍砲彈藥刀械管制條例、組織犯罪條例及社會秩序維護法等等法律。檢肅流氓條例違反憲法基本權而三度被宣告違憲，法律的廢除，對於憲法及人權保障有進步的意義。

也因此立法院在 2009 年刪除《檢肅流氓條例》，讓臺灣的法治也回歸比較合適的狀態。

推倒吳鳳像，
立起原住民權益

1988

31

十二月

擊破
醜化原住民神話

1988年12月31日，原在嘉義火車站前設置的吳鳳雕像，
被一群原住民權利運動者拆除。

● 誰是吳鳳？

在 1960 年代臺灣的小學課本中，有一篇是這樣寫的：

清朝有一個人，名叫吳鳳。他小時候隨父母從老家福建，遷來臺
灣，他住在嘉義縣阿里山下。他聰明能幹，每天勤苦工作以外，還教
鄰近的高山同胞播種、插秧和製造工具，所以大家都很敬愛他。
阿里山的高山同胞，從前有一種野蠻的風俗；每年秋末祭神的時

臺灣法曆

候，要獵取人頭來上貢。吳鳳知道這是多年的迷信，不容易馬上革除，就規定把過去變亂的時候，被殺的 40 多個漢人的頭，每年給他們一個上供。

40 多年以後，人頭用完了，高山同胞又向吳鳳要求獵取祭神的人頭，吳鳳再三勸說，山胞都不聽從。他難過極了，哭著向山胞說：「殺人是壞事啊！如果你們一定要殺人，明天早晨在我辦公處的附近，有一個穿紅衣裳、戴紅帽子、騎白馬的人，你們就把他殺了吧！」

第二天早晨，幾十位高山同胞，拿著刀槍以及弓箭等候；果然看見一位穿紅衣裳戴紅帽子的人，騎著白色的馬走來。他們一聲喊叫，就把那人打倒，把頭割下來；仔細一看，原來是他們最敬愛的吳鳳。

那時候他們像瘋了一樣，大哭大叫，有的咬自己的手，有的打自己的臉，悔恨不已。他們為了悼念吳鳳，埋石為誓：「以後不再殺人！」從此高山的原住民，就把那野蠻的風俗革除了。

● 宣傳

日治時期，因為基於政治目的，政府積極編纂《吳鳳傳》、興建吳鳳廟，並且將故事改編成歌舞劇、電影，甚至編入日本、臺灣、朝鮮等等地區的小學教科書中。

日本政府將吳鳳塑造成神話形象，透過自我犧牲，來「教化」「野蠻落後」的原住民族，他是寬大、仁慈的「義士」，日本政府也藉由

這樣的神話形象，進而宣揚帝國主義。

　　戰後，國民政府來臺，也採取與日治時期的相同手段。在教育方面，除了繼續沿用日治時期與吳鳳相關的課文，加以翻譯成中文；更將阿里山鄉改為吳鳳鄉，設置吳鳳路、吳鳳中學等等。又爲了要喚醒國人「反攻大陸」、「捨己爲國」的忠誠，時任總統蔣中正更親自巡視吳鳳廟，並題贈「捨生取義」的匾額，掛在吳鳳廟的正殿中。

● 吳鳳的傳說？

　　不過，吳鳳的故事是真的嗎？而吳鳳也真的如傳說中一般嗎？

　　雖然關於吳鳳之事，有相關文獻記載，但是文獻撰寫者往往都是漢人，撰寫者自然都是以漢人的觀點來撰寫，當然也因此被許多原住民族所質疑。或許吳鳳，之於漢人民族來說，是所謂「英雄」以及「好人」，但是對於原住民族來說，卻有負面評價。

　　曾有原住民族的人表示，紅衣在鄒族中，代表著「英雄」，族人絕對不可能射殺穿著紅衣服的人，況且，阿里山也從未見過白馬。而阿里山原住民族只種植小米而非平地水稻，怎會生出吳鳳「教導臨近高山同胞，播種、插秧」等事？水稻的種植在高山中，在過去耕種技術不佳的條件下，是有其困難性的。

　　更有原住民族族人代代相傳表示，當時吳鳳其實是「奸商」，常常剝削原住民族，也常霸占原住民的土地和女性。

臺灣法曆

● 原住民運動興起

　　後來，原住民運動開始興起，反對吳鳳的行動也開始出現。而就在歷史上的今天，1988 年 12 月 31 日，林宗正牧師與數名原住民族的青年，以圓鋸鋸斷位於嘉義火車站前的吳鳳雕像馬腳，並推倒吳鳳雕像。

　　這樣的行動，也喚起政府對原住民權益更加重視，也在隔年，更改吳鳳鄉為阿里山鄉，並將吳鳳的故事自國小課文中移除。

　　過去導致原住民在社會上相較弱勢的背景，其實是長久、歷代政府將原住民的形象扭曲所導致的。在解嚴之後，許多民運也開始興起，原住民權益也開始被聽見與看見了。

國家圖書館出版品預行編目（CIP）資料

臺灣法曆：法律歷史上的今天(7-12月)／法律白話文運動 著
-- 初版 . -- 臺北市：臺灣商務，2020.05
320 面；14.8 × 21 公分 . -- (Ciel)
ISBN　978-957-05-3262-3（平裝）
1. 法律　　2. 通俗作品
580　　　　　　　　　　　109003360

臺灣法曆
法律歷史上的今天

七月⋯⋯⋯⋯⋯⋯⋯⋯十二月

作　　　者 —— 法律白話文運動
發 行 人 —— 王春申
總 編 輯 —— 張曉蕊
責任編輯 —— 鄭莛
美術設計 —— 江孟達工作室

業務組長 —— 何思頓
行銷組長 —— 張家舜

出版發行 —— 臺灣商務印書館股份有限公司
　　　　　 23141 新北市新店區民權路 108-3 號 5 樓（同門市地址）
　　　　　 電話（02）8667-3712　傳真（02）8667-3709
　　　　　 讀者服務專線 0800056196
　　　　　 郵撥 0000165-1
　　　　　 E-mail　ecptw@cptw.com.tw
　　　　　 網路書店網址　www.cptw.com.tw
　　　　　 Facebook　facebook.com.tw/ecptw

局版北市業字第 993 號
初　　　版 —— 2020 年 5 月
初版4.3刷 —— 2020 年 12 月
印　　　刷 —— 沈氏藝術印刷股份有限公司
定　　　價 —— 新台幣 360 元
法律顧問 —— 何一芃律師事務所